走进书中，聆听她们的故事

心若淡然，
　　风奈我何

杨绛 传

朱云乔 著

图书在版编目（CIP）数据

心若淡然，风奈我何：杨绛传 / 朱云乔著. —— 沈阳：万卷出版有限责任公司，2025.1
ISBN 978-7-5470-6521-1

Ⅰ．①心… Ⅱ．①朱… Ⅲ．①杨绛（1911-2016）—传记 Ⅳ．①K825.6

中国国家版本馆CIP数据核字（2024）第088566号

出 品 人：王维良
出版发行：万卷出版有限责任公司
　　　　　（地址：沈阳市和平区十一纬路29号　邮编：110003）
印 刷 者：辽宁新华印务有限公司
经 销 者：全国新华书店
幅面尺寸：145mm×210mm
字　　数：200千字
印　　张：10
出版时间：2025年1月第1版
印刷时间：2025年1月第1次印刷
责任编辑：朱婷婷
责任校对：张　莹
装帧设计：马婧莎
ISBN 978-7-5470-6521-1
定　　价：39.80元
联系电话：024-23284090
传　　真：024-23284448

常年法律顾问：王　伟　版权所有　侵权必究　举报电话：024-23284090
如有印装质量问题，请与印刷厂联系。联系电话：024-31255233

要如何行走在这个喧嚣世界？要如何应对人生的无常？要怎样才能不负此生？杨绛先生用她的百年时光，给我们一个最好的回答。

她身披书香而来，一生与文字结缘，在文字里畅游世界，用文字表达自我。她在最好的年华，遇见最好的爱情，携手走进婚姻的围城，却褪去满腹诗书的才女光环，甘做"灶下婢"，用包容和爱为丈夫和女儿点亮回家的灯，照亮回家的路。

人生不仅有美丽的风景，时光有时候也会亮出残忍的刀锋。生命中的坎坷与离别，在她柔软的心头划下重重的伤痕。但无论生命给予她什么，她都以最好的心境接纳着、塑造着，度过了精彩而丰沛的一生。

序言

生命途中，不免惶惑，要如何不负此生？又要如何与这世界相拥？于是，我们试图在他人的故事里找到自己的答案。因此，一个名字——杨绛先生，映入眼帘。

她的名字就是一个美丽的符号，在岁月深处，不争不抢，优雅地安静盛放。诗书是她最美的装扮，无须胭脂粉墨，无须风花雪月，她用气质与内涵完美地呈现了一个女子的非凡胸襟与气度。

她在烂漫的时光里自由地成长，受父母百般呵护，傲视命运的风雨；她与清华才子钱锺书一见倾心，真诚相爱，彼此珍重，携手走过半生。她拥有最完美的爱情、最温馨的家庭，一家人用真情建造起一座温情的堡垒。

生命中的每一个角色，都被她演绎到了极致：她是杨家乖巧的女儿，她是温柔贤惠的钱夫人，她是阿圆的好妈妈，她是仗义热血的朋友……但同时，她也是最好的自己，她从未放弃过自己的追求，读书、写作、翻译，成为作家、剧作家、翻译家……

温柔是她最强大的力量，坚韧是她不服输的个性。她经受着岁月的洗礼，浸染着时光的霜华，在人生中大起大落中，始终保持着一份平和的心境。用沉静的心，在生命里温柔刻下隽永的痕迹，将自己修炼成精神上的贵族。

人生越往深处，所要承受的就越重。但百年人生，让她早已超然物外。她活得越来越柔静、通透、轻盈。这是最伟大的智慧，也是最浪漫的理性。她平和地释放着自己的才华，温柔地接纳着生命的苦难与馈赠。

无疑，她在生命中的各个阶段，活出了一个女子最美好的样子。

外表之美，不过刹那，再美丽的花，盛放过后，也终将凋零。只经历过怒放的生命，算不上精彩。真正精彩的，是留下的累累硕果，经得起后人的品读。而杨绛先生，则为我们留下了沉甸甸的、温暖的人生智慧。

翻开了书就揭开了缘，让我们在文字里，与杨绛相逢。

目录

序言   2

第一章
年少光景，亦是精神故乡

    一抹温暖，在心底发芽   003
    寥寥笔触，点染一生   011
    收录一串愉悦的光阴   019
    途中的脚印，心中的风景   027

第二章
在命运的迷林，找到自己的出口

    为世界降噪，聆听内心的声音   037
    每个人都有自己的音符   045
    遇见一个未知的自己   054
    走在灵魂的阡陌上   063

第三章
遇见你之前，我从没想过结婚

    因为你，我才相信缘分   075
    生命充满变数，但恰好遇见你   084

在细枝末节里融化幸福　　　093
结不结婚，旅行一次就知道　　　102

第四章
原来无常才是人生的常态

活出自己的温度　　　113
在不完美的生活里探险　　　122
吃亏的另一种解读　　　131
彩云易散琉璃脆　　　140

第五章
要如何抵挡这湍急的时光

烤着生命之火取暖　　　151
波涛岁月里的赤子之心　　　160
太阳总是照常升起　　　169
最珍贵的东西，都藏在寻常时光里　　　178

第六章
你只是读书少而想得太多

未知人生的独特魅力　　　189
让普通的时光生动有味　　　198

现实生活里的"任意门"	207
披上隐身衣，甘当一个"零"	215

第七章
用淡定和从容勾勒最美的风景

谦虚是一种自信	225
唯有谦卑才更接近伟大	234
平静是最强的生命能量	242
将每一种角色做到极致	251

第八章
从容，是最高级的优雅

温柔是坚强的另一种解答	263
平静地行走在人生边上	271
相守在时间之外	280
百年时光，淬炼优雅	289
"我们仨"团聚了	297

后记	303

第一章

年少光景,亦是精神故乡

一简单就快乐,一复杂就痛苦,这是人世间最浅显的哲理,却也是最难实现的夙愿。就像简单的爱情与亲情,听上去只有短短几个字,其中却饱含着人情的冷暖、命运的沉浮。可是终究有人做到了,那是因为他们早已了悟了生命之轻,轻如袅袅炊烟,轻如飞花盈盈,因为心中有着幽谷般的宁静,才让生活过得安静而简单。

一抹温暖，在心底发芽

岁月如同一股清风，总是在快要遗忘的时候，吹来往事，又伴着一阵花香。欢喜与忧愁如同生命中必不可少的两味调料，掺杂在一起，有时候甜中带苦，有时候苦也微甜。人世间有太多的忙碌与混沌，又有太多的奢靡与繁华，那些以为会小心珍藏的宝藏会渐渐消失，这个宝藏的名字叫作"初心"。

时光含情脉脉地看着行走在其中的人们，那些散落的日子，只有自己才能执笔回忆往事。娴静如水的杨绛静坐在时光的一隅，听着时光的烂漫落花，独自写着素雅的文字。岁月催促两鬓早生华发，可那一抹淡雅的神韵，仿佛在向世人证明，不争不抢，才是静美的人生。

人生的最初，便是初临人世的童年。从呱呱坠地，到行走在红尘阡陌中回首往昔，有多少人会萌生"此情可待成追忆"的感慨？只有聪明的女人，才懂得在温柔的岁月中刻录下生命的印记，把恬静当作一生的信仰。

乱世中的北京，是杨绛初临人间第一眼见到的地方。那是1911年的7月，北方的盛夏在炎热中透着一丝干爽，像极了北方人开朗直爽的个性。夏日的阳光仿佛为世间万物都染上了一层明媚的底色，一条极具京城气息的小巷，一座古香古色的四合院，这里，就是杨绛生命开始的地方。

绚烂的7月，见证着杨绛从咿呀学语的婴儿，成长为一代才女。她的生命中已经经历了一百多个7月，每到空气中被炎热笼罩的时节，她的思绪都会飘回北京城中那一片热情浓郁的绚丽之中。

如果一个人的个性只能找到一个形容词来形容，这样的人生未免枯燥单调。杨绛似乎应该感谢命运为自己同时选择了两个故乡，迎接她到来的北京，给了她北方人的大气磅礴与从不斤斤计较的飒爽；牵系着祖祖辈辈根基的无锡，则给了她南方女子的细腻婉约。

于是，形容杨绛个性的词汇，就变成了"温润"与"坚强"，两个似乎截然相反的词语，凝聚在杨绛的身上，却成为让一般女子无法比拟的独特魅力。

有人说，人在悲伤的时候，总喜欢回头看。因为回过头去，就可以看到无忧无虑的童年，重温那段天真无邪的时光。

即便不伤心，杨绛也喜欢回望自己的童年，她的童年太过美好,美好得就如同一个笼罩着绚烂光环的梦,那个梦中有被她视作榜样的父母。作为唯一一个养在父母身边的女儿,在家中排行第四的杨绛,尽情享受着两个人给予的全部的爱。

童年的快乐,仿佛荡在秋千上,单纯得没有一丝杂质,没有任何心机地以诚相待。如果每个人都能在丢失快乐的时候重新做回童年的自己,也许快乐就真的如同荡秋千那般简单。

杨绛的优雅不仅来自血液中的江南基因,也源自书香缭绕的门庭。举手投足间,仿佛可以看到她永远都在用一颗初心,慢煮着岁月。

杨绛身上的书卷气,大多源自父亲的熏陶。她的父亲杨荫杭,是一名儒雅的读书人,曾用笔名"老圃",人们也将他称为"老圃先生"。

提到读书人,总是让人联想到手无缚鸡之力,可老圃先生却有着刚正不阿的秉性,作为热心革命的新派人士,因此得罪了晚清政府,新婚不久,为了躲避抓捕,不得不逃亡日本。于早稻田大学就读法律专业。

在逃亡日本之前,老圃先生就是北洋大学和上海南洋公学的高才生,结束了日本的学业之后,又转而去往美国,在宾夕法尼亚大学取得了法学硕士学位。

留洋的经历真正开阔了老圃先生的视野,他见到了太多美国父母与子女的相处方式,这种方式与中国传统的严父教育完全不同,反而更像是朋友间的相处。因为杨绛是老圃先生从美国留学归来之后的第一个孩子，因此老圃先生将这种亦父亦友的情感，完全倾注到她的身上。

于是，杨绛对父亲少了一些恐惧，多了一些亲切与尊敬，也是父亲教会了她，身为一个女孩子，懂得自己想要什么、想做什么，这比什么都重要。

很多人总是想要的太多、懂得的却太少，恨不能将世间一切珍贵的物品都收入囊中，却不知道这些是不是自己真正想要的。

岁月也是有记忆的，它记录了一路走来的父女情长。而温婉贤淑的母亲，则教会了杨绛身为女子少有的不疾不徐、不争抢、不计较。

杨绛眼中的母亲，是个美丽的女子。然而一切外在的美，都比不上她内心的贤良与文雅。母亲是当时少有的知识女性，读过私塾、念过女校，尤其爱看书。她轻倚在窗台宁静读书的模样，是杨绛记忆中关于母亲的最美画面。

从父母之间的相处中，杨绛能体会到满满的爱。虽说两人的婚姻是父母之命、媒妁之言，可仿佛前世注定的姻缘，一生都在互相关爱与尊敬中度过。

无论老圃先生做出怎样的决定，杨绛的母亲永远无怨无悔地遵从，从她的口中，全家人从未听过一句抱怨，也许从大女儿出生的那一刻起，母亲就已经认定自己找对了人。

在杨绛的大姐出生之前，父亲已经到日本留学，可是刚刚抵达日本不久，听说妻子即将生产，他特意请假回国陪伴妻子，直到长女寿康平安降生，才放心地返回日本。在家中总共停留了不到一个星期的时间，留下的却是对妻子无尽的关怀。

也许正是因为母亲的开明，才换来了父亲一生的呵护和尊重。每一个女人都没有权利抱怨自己没有被好好关爱，在抱怨的话语即将出口之前，应该反省一下自己是不是真的值得有人为你付出。

如果生活是首歌，那么杨绛的家庭中，一定弥漫着和谐的曲调。她曾在文章中写道："我父母好像老朋友，我们子女从小到大，没听到他们吵过一次架。旧式夫妇不吵架也常有，不过女方含有委屈闷在心里，夫妇间的共同语言也不多。我父母却无话不谈。"

因为有着这样的父母与童年，杨绛的个性从少不更事起，就积累了一抹从容自若的恬淡。那首属于她的人生歌谣，起承转合，千回百转，每一个音符都是来自心灵的对白。她的个性中没有虚假，没有奢求，对所爱的人，不计回报地付出真心，对伤害自己的人，用宽容的心胸尽量包容。

正因如此，她才是钱锺书口中"最贤的妻，最才的女"，作为一位妻子，这似乎是能从丈夫口中收获的最高褒奖。杨绛自豪地把丈夫的夸奖珍藏于心，却依然不急不躁地让生活维持着应有的简单模样。

之所以活得淡然，是因为杨绛为自己的生活保留了一方净土,这方净土用童年的回忆铺就,那里有母亲轻声哼唱的家乡歌谣,有《石头记》《聊斋志异》《缀白裘》这样好听的故事,有父亲严谨而又随和的教育,还有姐妹们无微不至的关心与陪伴。

杨绛从不苛求生活赐予自己太多,她只渴望拥有一方宁静,如同一幅浓淡相宜的山水画,每一笔勾勒都是对生命深深的热爱。

小时候的杨绛很有灵性,非常热爱文学,喜欢看书,她总是能在书的墨香中找到知己,在文字中与先贤跨时空交流,这也为她今后的文学积累和创作,打下了扎实的基础。通过读书,她遇到了心目中的白马王子,钱锺书用斐然的文采,写下了很多滚烫的情书。杨家姐妹们的婚姻果真都如同他们的父母一样,与丈夫既是最亲密的爱人,又是无话不谈的朋友。

尤其是杨绛与钱锺书的爱情最值得世人称道,可是她依然惭愧与母亲相比较,她认为,没有任何一个女人,能够做到像母亲对父亲一样细心。不过,如果生命可以重新选择,她依然愿意与钱锺书相遇,成为彼此生命中最重要的那个伴侣。

只要与岁月真心相待,就会发现岁月从不曾亏待我们。只要不是刻意地追求一些虚无缥缈,固执地为自己的生命画地为牢,心就不会迷茫,更不会寂寥。

童年的杨绛是个机灵古怪的"小鬼",也是个懂事乖巧的女孩。向来重视子女教育的父亲,把杨绛送到了三姑母杨荫榆执教的京都女高师附小读书。平日里,杨绛也曾在课堂上调皮捣蛋，可是见到三姑母带着外宾来参观，正在饭堂吃饭的她马上表现出一副乖乖女的模样。

三姑母看到杨绛面前掉了许多饭粒，默默走到她身旁，趴在她的耳朵上说了一句"粒粒皆辛苦"，小杨绛短暂地发呆了一下，马上如梦初醒般把桌子上的饭粒统统捡起来吃掉。旁边的孩子们也学着她的样子，乖乖地捡着饭粒，可爱的举动逗笑了大家。

杨绛似乎从小就懂得在什么情形下应该做什么样的事情，这正是她的可爱之处。聪明地懂得察言观色，却从不工于心计算计，一切的喧嚣都被她看得透明清澈，心中从不为烦琐的世事纠结，因此脸上才风轻云淡地写着淡泊。

简单的岁月，必定会诗意葱茏，如同落花流水，带来馥郁芬芳。杨绛的童年的确与花有关。因为三姑母的关系，学校大学部的学生都喜欢上了聪明机灵的杨绛。闲来无事，他们总喜欢带着杨绛玩耍，在举办的恳亲会上，可爱的杨绛更是被大学部的学生们扮成了美丽的花神。

那一天，她的小辫子被姐姐们仔细地盘在了头顶上，上面插着许多鲜艳的花朵，周身上下也贴满了金色的花瓣。这样一来，杨绛仿佛真的是花神下凡，她的眉梢眼角间挂着浓浓的笑意。一辈子都不会忘掉，那一天的快乐。

人生有多少的不快是庸人自扰，一件好看的衣服，一个精致的妆容，都可成为快乐的理由。只要尽情享受时光，生命就会还你一份清纯与美好。

因为杨绛总是那样快乐,大学生部开运动会时,也不忘记为她安排一个角色。一个姐姐边跳绳,边让杨绛围着自己绕圈,口中还要念着事先安排好的台词。可惜因为紧张,杨绛的台词说得声音太小,旁边的人都没有听清。

在杨绛的记忆中,从姐姐们那里获得的"优待",与三姑母密不可分,她曾写道:"演戏借我做'花神',运动会叫我和大学生一同表演,等等,准是看三姑母的面子。那时候她在学校内有威信,学生也喜欢她。我决不信小学生里只我一个配做'花神',只我一个灵活,会钻在大学生身边围绕她跳绳。"

这又是一种不唯我独尊的淡然,她看世界的眼睛,总是那样清澈,感怀世界的心,也总是那样干净。岁月的烽烟漫过杨绛的生命,她却只从中挑拣出幸福的部分,然后用一颗如同阳光般温暖的心,让这些幸福在岁月中生根、发芽,慢慢滋长。

寥寥笔触，点染一生

如果要对人生的距离进行测量，那么位于两端的，不是生与死，而是你的心与世界。生活在当下的人们，仿佛已经经不起一丝一毫的寂寞，一心向往喧闹浮华，早已忘记在内心的小小世界留一方简单的净土。

世界的确精彩，精彩到在每个人的身上都涂抹上光怪陆离的颜色，让人们误以为如此绚烂多姿，就是美丽人生。如果将人生比作一幅画卷，最美的永远是寥寥几笔勾勒而成的那一幅。疏朗的线条，像极了内心的宁静。

一简单就快乐，一复杂就痛苦，这是人世间最浅显的哲理，却也是最难实现的夙愿。就像简单的爱情与亲情，听上去只有短短几个字，其中却饱含着人情的冷暖、命运的沉浮。可是终究有人做到了，那是因为他们早已了悟了生命之轻，轻如袅袅炊烟,轻如飞花盈盈,因为心中有着幽谷般的宁静,才让生活过得安静而简单。

杨绛的父母都是懂得守望简单的人,他们用一颗淡泊的心,谱写出了那个年代少有的美好爱情。如果仅仅用爱情这个字眼定义他们之间的关系,似乎有些狭隘,两位老人之间的情,已经融会了爱情、亲情与友情。

正因心怀简单,他们之间的情感才如此随意而自然。旧式婚姻的父母之命、媒妁之言不仅没有淹没他们的爱情,反而在细水长流的生活中酝酿出了幸福。人们总是追求一见钟情的轰轰烈烈,偏偏做不到在对方需要的时候不离不弃。杨绛的母亲做到了,正因如此,在杨绛的心中,母亲是她这一生都无法超越的楷模。

杨绛永远无法忘记,离开北京之后,一家人相互扶持着撑过了一段苦涩的日子。自从回到家乡无锡,家门前的小桥流水带来了仙境般的景致,也带来了新鲜的人间美味,却也为她的父亲带来一场险些与人世诀别的疾病。

没有人知道父亲的病因是与北京截然不同的气候,还是那些生吃进肚子里的"炝虾",年幼的杨绛只知道父亲病得一天比一天严重,母亲衣不解带地在旁边照料,没有眼泪,只有冷静地四处联络家乡最好的医生。

生病时有人照料,似乎是每个人最简单的愿望。在这简单的愿望之中,能够寻找到真实的心灵宽慰,也能感受到生命真实的存在，更能体会到真实的情感依托。

父亲一面接受着母亲无微不至的照顾，一面又固执地坚持着对中医的排斥。母亲只好请来当地唯一的一名西医，他用有限的设备尽可能为老圃先生做了全面检查，又抽了一管血。这就是这名西医能够做的全部工作。他告诉杨家人，这管血液要送到上海才能化验出结果，一个星期之后才能知道他到底得了什么病。

如此漫长的等待，没有让杨绛的母亲心生绝望。她用最简单的乐观，摒弃头脑中的一切杂念，在需要等待的时候，默默地陪伴，就是最好的给予。

老圃先生的病在等待中一天天沉重，他虚弱得甚至无法离开床榻半步，曾经神采奕奕的双眼，也变得萎靡黯淡。杨绛的母亲希望中医可以成为救命的最后一根稻草，可是老圃先生执意不肯，他用尽最后一丝力气挽留着自己的性命，一定要等待西医确诊的那一刻，再对症医治。

杨绛终于从母亲的身上学到了什么叫作永不放弃，只要能够留住丈夫的命，哪怕多么荒唐的方法都要尝试。如果只是痴痴地等待西医的诊断，很可能是坐以待毙，倒不如利用等待的时间尝试一下民间的"叫魂"，哪怕没有帮助，至少也不会有任何坏处。

放弃是永远不能做的选择。因为杨绛的三姐感到害羞，为父亲"叫魂"的任务就落在了小杨绛的身上。那一夜，她学会了什么叫作成长,更懂得了坚持也是一种勇气。

有了这份勇气,她敢于站在深夜的厨房里,身边只有三姐陪伴,一只装满水的大铜盆放在面前,杨绛冲着水面上漂浮的竹叶小船声声呼唤着"爸爸!转来吧"!杨绛对父亲的爱,虽稚嫩,却也浓烈。她将这份爱全部凝聚在一声声呼唤中,因为在她最简单的思维里,只要父母在,那就是她最大的幸福。

一周之后,一家人终于满怀期望地等来了上海寄来的诊断结果,简单的"伤寒"两个字,再一次将一家人打入了绝望。这是当时一种极难治愈的疾病,这两个字,无疑等于为病人宣判了死刑。

万念俱灰,是人生的一出悲剧,只有心怀坚持,才能在遭遇暗礁时激起美丽的浪花。母亲再也不顾丈夫的偏执,终于请来了当地有名的中医为他诊治。可是,她从中医的脸上看出了为难与无奈,除了"伤寒"两个字,大夫无法给出再多的解释。

他甚至不愿为病人开出一张药方,母亲知道,一旦大夫做出这样的举动,就是在无声地宣布对病人的放弃。丈夫是她生命中全部的支撑,那一刻,杨绛仿佛听到了母亲心碎的声音。

如果父亲真的一病不起,就等于宣告这个家的天塌了。那一晚,家里如同遭受灾难,每个人都无法入睡,每个房间都亮着灯,亲戚朋友往来不绝,也许他们其中的很多人,是想要见父亲最后一面,杨绛在那一晚听到的最多的话,不是对母亲的安慰,就是对父亲病情的遗憾。

杨绛不敢想象没有父亲的日子，她哀伤、绝望、害怕。她甚至想到，如果失去了父亲，自己很可能再也无法读书。即便有亲戚照拂，再读几年书，未来的人生也会变得黯淡无光。她很可能在无锡的工厂里成为一名最底层的女工，这一刻，悲伤已经不足以完全形容杨绛的心情。

可是她看到的母亲，却停止了哭泣，悲痛在她瘦弱的身体中激发出了巨大的能量，爱是最深情的守望，为了与丈夫之间的爱，她要做最后的尝试，只要丈夫一息尚存，她就永远不会放弃努力。

想要守望住最简单的幸福，必须淬炼出内心的坚强。马克思曾说："生活就像海洋，只有意志坚强的人，才能到达彼岸。"身体中潜藏的意志，就是世界上最坚强的东西。很多时候，我们没有实现心中的目标，就是因为在应该坚持的时候，选择了放弃。

没有磨难的人生，是不完整的人生。磨难是上苍赐予人类最好的礼物，无忧无虑的环境中，永远诞生不出强者，顺境只能削去人的坚强意志与奋斗精神，甚至可以说，人生没有磨难，本就是一场灾难。

母亲在父亲的疾病面前变得坚强，杨绛也从母亲的身上学到了什么叫作不轻言放弃。母亲请来了父亲的好友华实甫，他也是一位有名的中医。经过华先生诊断，同样认定父亲的病情不容乐观，可是母亲的一句话打消了华先生所有的顾虑，那就是"死马当活马医"。

拿到华先生开出的药方，杨绛从母亲的脸上见到了近日少有的欢乐，她小心翼翼地捧着这张药方，仿佛捧在手心的是丈夫的生命。她连忙命人照方抓药，连夜将药熬好，给丈夫喂了下去。然后，她就静静地守护在丈夫身旁，眼神中饱含着坚定。她坚信丈夫会在明天一早醒来，眼神中重新呈现往日的活力。

也许是母亲的坚持感动了上苍，第二天，父亲的病症果真减轻了一些，挂在他脸上的笑容，证明他已经恢复了清醒的意识，是母亲用坚持与守护，将父亲从生死边缘拉了回来。

从此，母亲对华先生礼敬有加，杨绛也从母亲的行为中学会了什么叫作感恩。拥有一颗感恩的心，也就拥有了一份简单的幸福，它可以让人感受到生命的美好，体会到生命的感动。

原来最好的幸福，就是有人与你相互守望。那个人可能是爱人，可能是亲人，也可能是朋友。幸福是每个人心中最美好的期待和愿望，它值得我们把它捧在手心，放进梦中，为它守候。只有幸福常伴左右，生活才能快乐而充实。

原来快乐根本就是一件简单的事情，是否快乐完全取决于人的心境。如果能让心境重回孩童般的幼稚与天真，那么就能让生活中的烦恼自动消散，对于明天的未知，也不会产生复杂的疑问。找回简单的心境，只是一种生活态度，不需要太多的天分。

在父亲生病之前，杨绛还是一个不懂人间疾苦的小女孩儿。

经历过如此难挨的一段时光，她忽然变得对父母和家庭更加依恋，亲眼见证了父母之间的相互守望，杨绛才真正领悟到亲情与爱情的伟大。

这让她回想起，母亲对她，也有着同样的爱。六岁那年的寒冬，杨绛与父母住在北京。北方的冬夜寒冷刺骨，灯下忙碌的母亲停下手中所有的活计，急急忙忙地为女儿翻找过冬的厚棉被。

她永远也无法忘记那时的情景，母亲手持洋灯的背影消失在院子里的风雪当中，又伴着那点点光亮抱着棉被返回房中，脸上挂着心满意足的表情。那一刻的杨绛，不知道为什么，眼睛总有一种酸酸的感觉，那是眼泪即将夺眶而出的感觉，她也不明白自己为什么想哭，直到长大之后才明白，那一刻的感觉就叫作感动。

原来幸福真的如此简单，简单到只需要一床棉被的温暖。可是杨绛明白，这棉被之所以温暖，是因为母亲的爱意浓浓地融化在其中。这样平淡的幸福，仿佛在心头照进的一缕阳光，让温暖的情感在阳光中缓缓蒸腾。

最简单的幸福，叫作亲情，因为险些失去，杨绛便更加懂得亲情的可贵。然而无论多么不舍，她也无法阻止人生开启新的篇章。父亲康复之后做的第一件事，就是让杨绛离开那所残破的学校，跟随大姐到上海去读书。

那一年，杨绛八岁，离家之前，她再一次感受到了母亲的爱意。从来没有过属于自己的钱的她,第一次收到了母亲送给她的一块银圆,还有大姐送给她的一方手帕。她把这两样东西当成至宝,紧紧地收藏进胸前的口袋里,仿佛把幸福装进了心里。

其实,幸福很简单,一个善意的微笑、一句暖心的安慰、一次贴心的理解、一个关注的眼神……最简单的举动,有时候可以迸发出最大的能量,这股能量可以融化冰山,踏平荆棘,让天空重回湛蓝,让人生变得丰富。

对于杨绛来说,生活从未复杂过,经历了父亲生病这件事,她更加懂得人生本就福祸相依、笑泪交织,对于得到的东西,她从不看得太重;对于失去的一切,也从不感到失望。最简单的幸福,不过如此。

收录一串愉悦的光阴

如果将人的大脑比作一座果园,那么记忆就是果园中结出的果实。有的圆润饱满,有的丑陋干瘪,甚至有的还遍布着蛀虫啃食过的痕迹。

光阴最是无情,它洗刷着沧海桑田,搅弄着世事变迁,一刻也不肯驻足,用一双神奇的手,不停地催化着记忆的果实从青涩转为成熟。

我们无法选择自己的出身,无法决定未来的际遇,然而这些都不值得悲观,因为我们可以选择是否让自己快乐。

那些饱满美丽的记忆果实,总是可以愉悦播种记忆的人的心情,在收获的时节,只要尽情在令人愉悦的果实之间挑选,再将那些干瘪苦涩的记忆深深地埋进土里,当经年以后重新回顾,会发现这些果实是光阴送给你最好的礼物。

偏偏有人不懂得在光阴中收录愉悦的道理，如同庸人自扰一般，让整个脑海都回荡着从前岁月中痛苦的回忆。因为不懂得放弃那些不好的回忆，所以才不愿长大，偏偏执意未来的日子，每时每刻都在哀悼那些逝去的年华。

杨绛是聪明的，她懂得在自己的"篮子"里摘取饱满的记忆果实，让那些不快乐的回忆在风中吹散，不为过去烦恼，不为将来担忧，每时每刻都活在当下，闲来无事，再将那些美好的回忆捧在手中把玩。

自从父亲康复，家中的一切生活都恢复了正轨。杨绛再一次从生活中找到了那抹绚烂的色彩，似乎随意俯身，就能在路上捡拾到有着简单纯粹味道的幸福。

杨绛到上海启明女校读书，不仅是父亲的主意，更是她自己的决定。母亲舍不得让年幼的女儿离开身边，更不希望她像二姐那样一去不返。于是，母亲反复问了许多次，是否真的决定去上海，每一次得到的都是杨绛坚定的回答。

小小的杨绛的确舍不得离开父母身边，可是那座充满了知识的殿堂，实在让她渴望。从二姑妈到堂姐、大姐、二姐，都曾经在启明女校读书，大姐更是那里的高才生，成了校长最得力的助手。

她愿意去学习新鲜的知识，对杨绛来说，启明女校是一座更大的"果园"，她坚信，在那里一定会播种出更加甜美的记忆果实。

不过，其实每次回答过母亲的问话，杨绛也总是忍不住落泪，因为害怕惹得母亲难过，每次都默默地背过身去。

这是成长的泪，亦是幸福的泪，成长是一件令人心情愉悦的事情，它意味着告别了懵懂无知的年岁，开始用成熟的味蕾，去细细品味岁月中多姿多彩的滋味。

人生就是一本书，如何翻阅，取决于读书的人。懂得捡拾美好的人，可以从书中读出时光清浅，岁月无痕；而那些悲观的人，只能读出时光匆匆，如同握在手中的流沙，无论如何都挽留不住。

杨绛几乎是欢乐地蹦跳着，奔向了一片更加广阔的未来。她从不觉得离开父母的庇护是一件可悲的事情，相反地，学会用自己的翅膀独自飞翔，才真正值得庆幸的事情。

启明女校果然没有辜负杨绛的期望，那里简直就像一座七彩的果园，结满了绚烂夺目的果实，简直让她挑花了眼。

光是一间英语自修教室，就比无锡的大王庙整个小学还要大，并且，像这样的自修室有十几间。美丽的花瓷砖铺满了学校的整条长廊，长廊的下方就是一座美丽的花园。教室后面有一大片被树木和花草环抱着的空地，那里简直就是学生们的乐园，只要不上课的时候，空地上的跷跷板和秋千上，便洋溢着欢声笑语。

启明女校的宿舍条件也非常好，学生住在楼上，每个人都有一张单独的床铺，干净又整洁。还有专门的修女照顾学生们的生活起居，学生们亲切地称她们为"姆姆"。聪明机灵的杨绛是许多姆姆的"darling（亲爱的）"，即使有时候因为调皮接受惩罚，她依然是姆姆们最喜爱的那个"小鬼"。

成长的路上难免有烦恼，杨绛却将这些小小的烦恼通通过滤。她能够记起的只有快乐的回忆，她总觉得自己盛放记忆果实的篮子太小，没有多余的空间留给那些不够美好的果实。

岁月渐渐远去，途经的那些风景，只能通过自己去体会。乐观是人生旅途中不可或缺的风景，它不仅是一种机敏与豁达，更是一种智慧的体现。乐观的人总是让人感到愉悦和轻松，更可以让烦躁的心情在一瞬间恢复平静；乐观的人心头没有坎坷与沉重，一切的逆境都会在乐观中变成顺境。

年幼的杨绛还不懂得什么叫作乐观，只是凭借本能在身体里不断注入欢乐的能量。启明女校的课程十分丰富，杨绛从不厌倦学习，而且乐在其中。除了必修的基础课程，杨绛还挑了许多感兴趣的学科去学习，像唱歌、跳舞、画画，每一个学科都向她呈现出一个多彩而又美好的世界。

杨绛在启明女校的大部分时间都是充实而又愉快的，唯一让她有些难过的，就是每个月的第一个星期日，学校把这一天叫作"月头礼拜"。家近的孩子会在这一天被家长接回家，晚上睡觉之前再送回来。

每当这时，家住外地的杨绛就会有些想家，点点泪光在她的眼眶中打转，看着身边仅剩的几个外地小伙伴，整座学校仿佛都变得冷清起来。

不过,杨绛总是能找到安慰自己的方式,她可以在想象中与父母和姐妹团聚,闭上眼睛幻想一家人热热闹闹吃饭的场景,这样想着,鼻端仿佛真的可以闻到饭菜的香味,耳畔仿佛可以听到母亲温柔的叮咛。

独立的校园生活让杨绛成长为一个懂事的孩子,那些美好的瞬间即使再短暂,她也不会让它们在绚烂中荒芜,而是将手指温柔地相扣,将它们轻轻地捧在胸前,感谢这些美好在自己的生命出现,感谢它们让自己对未来的日子充满着最美的期盼。

更让杨绛欣慰的,是那些善良的姆姆们。每到"月头礼拜"的这一天,姆姆们就会心疼这些不能回家的孩子。她们想方设法地为孩子们做好吃的东西,想用舌尖上的美味弥补她们心头的苦涩。

姆姆们的办法果然奏效,吃着这些好吃的东西,杨绛可以感受到她们的良苦用心。虽然美味的食物会让她更加思念母亲做的饭菜,可是她总在心里默默地告诉自己:"只要放了暑假,就能见到爸爸和妈妈了。"

这样想着,日子仿佛可以过得快一些。有时候,越是刻意计算,时间便越是漫长难挨。杨绛索性忽略时间,说不定放假的日子很快就会来临,猝不及防地给自己一个惊喜。

她的确等来了一个惊喜,不过这个惊喜比她预计的时间更提前了一些。一个"月头礼拜"的日子,大姐带着杨绛和一同在启明女校读书的三姐走出了校门。这是杨绛第一次在"月头礼拜"的日子离开学校,大姐坚持不肯说出要带她去什么地方,可是从大姐欢乐的眉眼之间,杨绛隐隐预感有什么好事即将发生。

她跟着大姐坐了一段路程的电车,下车之后又走了一段路,来到了一座漂亮的建筑前面,大姐终于告诉她:"这是《申报》馆,我们去看爸爸。"

杨绛快乐得简直要飞起来,她日思夜想的爸爸就在里面,任何的美味佳肴都比不上扑进爸爸怀里的甜蜜滋味。爸爸是杨绛最好的朋友,她早已攒了一肚子心里话,想要对爸爸倾诉。

两个古灵精怪的小姐妹也打算给爸爸一个惊喜,她们悄悄地走进报馆,蹑手蹑脚地走到爸爸的身旁。老圃先生正在认真伏案写着些什么,丝毫没有注意到三个女儿进来,更没有注意到有两个调皮的女儿已经站在了自己面前。

父女之间的心灵感应让他缓缓抬头,猝不及防撞见两双可爱的眼睛,这简直是人世间最甜蜜的惊喜,一向沉稳的老圃先生也不禁笑出了声。

因为刚刚从一场大病中痊愈,老圃先生的身形还有些消瘦。可是父亲眼中的慈爱永远都不会变,看着父亲依然有些憔悴的容颜,杨绛的眼泪几乎控制不住地流下来。原本想要和父亲倾诉的心里话,忽然之间不知从何说起,此刻她只想问问父亲的身体恢复了没有,一个人住在报馆里是否寂寞。

杨绛真的长大了,她不再只享受着父母的疼爱,而是也懂得关心父母。与女儿重逢是人世间最有效的良药，父亲仿佛一下子来了精神，他要带着女儿们去吃大餐，好好享受一下天伦之乐。

这顿大餐是杨绛从来都没有吃过的西餐，看着盘子里整块的肉和放在一旁的刀叉，她简直不知道从哪里下手。父亲看出了她的茫然，轻轻地说："你坐在爸爸对面，看爸爸怎么吃，你就怎么吃。"

于是，杨绛认真地学习着父亲使用刀叉的样子，她学得那样投入，以至于忘记了放进口中的大餐是什么滋味。虽然坐在对面的女儿笨拙地使用着刀叉，把每一块食物都切成了最难看的样子，可是父亲眼中慈爱的神色丝毫没有减少，日后回忆起来，父亲眼中的温情，就是那顿大餐最美妙的滋味。

那顿饭吃过之后，父亲用温暖的手掌拉着杨绛姐妹的小手，把她们送到电车站。父亲始终用充满慈爱的声音与大姐聊着天，杨绛就在一旁默默地走着、静静地听着，仿佛父亲的声音是世界上最暖心的音乐。

她虽然还听不懂父亲与大姐聊天的内容，可只要能与家人平静地待在一起，就已经让她心满意足。仿佛握着父亲的手，就能勇敢地走在黑夜与白昼，只要和家人在一起，哪怕是行走在严冬，心头也会充满暖暖的味道。

虽然父亲不能在每个"月头礼拜"都把杨绛接到身旁，可只要想到父亲和自己就在一个城市，她就已经心满意足了。不久之后，母亲也带着弟弟妹妹来到上海定居，杨绛终于可以在每个月的"月头礼拜"与家人团聚了。依偎在母亲的身旁，是世界上最快乐的事情。

有人问杨绛，在启明女校三年多的时间里，最大的收获是什么？杨绛答道："最重要的是锻炼和培养了独立生活的能力，不止于应付日常生活，还包括自我判断，学会克制，如何正确与别人集体相处，等等。"

她还说："学会判断和自我克制，对一个人性格的形成很重要。"

这就是她在启明女校收获的最美的记忆果实，直到多年以后，她依然感谢启明女校给予自己获得这些果实的机会。

途中的脚印，心中的风景

虽说岁月无痕，却也总能在世间留下它来过的证明。它会为树木刻下年轮，让花朵从盛放转为凋零，让冬季的皑皑白雪，更迭为春日的暖暖微风。

人生之路难免颠簸，回头看时，只有留下一串串坚实的脚印，才不枉在人世间走过。这些脚印可能盛满了浓浓的牵挂，也可能盛满着爱与幸福。

杨绛在启明女校踏实地走着自己的求学之路，父母的到来让她感到格外安心。原本从事法律工作的父亲，一面在《申报》从事主笔的工作，一面又重操旧业做起了律师。

人生就是一个不断行走的过程，这一点，杨绛深有体会。她出生于北京，却在出生不久便随父母迁回无锡，短暂地停留了几年，又返回北京；终究又因为父亲刚正不阿的个性得罪了权贵,不得不又迁回无锡。

来到上海求学,已经是她人生中的第四次迁徙,很快,第五次迁徙又要来临。这一次,全家人要去的地方是苏州。因为上海的政治局势日渐复杂,父亲希望搬到一个更加清净的地方,在那里安心地为百姓伸张正义。

杨绛的年岁也在不断的迁徙中渐渐成长,到了苏州,她已经是该读中学的年纪。父亲希望杨绛和三姐可以进入振华中学读书,并要求她们必须通过自己的努力去考。在父亲的意识里,没有人可以不劳而获,哪怕是读书的机会,也要靠自己的努力去争取。

杨家在苏州定居后,振华中学已经过了招收新生的时段,不过学校为杨绛和三姐单独进行了一次入学考试,杨绛坐在那间单独开辟成考场的教室里,看着国文考试的题目《论女子解放》疑惑不已。

调皮的杨绛甚至连自己是女孩子这件事都从未在意,更何况还要去讨论女子的解放。她天真地以为,解放就是放开女子脚上的裹脚布,或者是不让女孩子从一生下来就穿耳洞。好不容易搜肠刮肚地写了一篇文章,直到最后,杨绛也没弄懂"女子解放"到底是什么含义。

直到如今,依然有人不懂什么叫作真正的解放,以为解放就是身体和言论上的自由,有了这些自由,就可以随心所欲地去追名逐利,却将一颗真心牢牢地锁起。

只有让心自由，才是真正的解放。如果你不知道怎样让心自由，不妨听听智者的话。托尔特克智者曾做出过让心自由的四个约定："不妄作评判；不受别人影响；不作假设；行动、尽力、投入。"

何其简单的四个定义，可惜却依然有人看不懂其中的含义。其实，"不妄作评判"，就是做到公正客观，一切违心的、不利于自己和他人的话都不要说出口；而"不受别人影响"，就能减少无谓的痛苦，不要让别人的价值观左右着你的决定和行动；"不作假设"，则是要敢于沟通，只有说得清楚和问得明白，才不至于产生误解；"行动、尽力、投入"似乎更加简单，量力而行，尽力去做，即便失败，也不会因为没有尽力而后悔自责。

杨绛虽然还不懂得什么叫作女子解放，至少做到了尽力和不放弃。她凭借自己的努力考上了振华中学，即便是三姐后来休学，她也坚持上学，哪怕是要一个人住在破旧的宿舍里。

父亲也与杨绛一同坚持着，他坚持自己的律师工作，哪怕当时的社会风气已经非常差，也坚持不遗余力地匡扶正义。

想要在苏州开办律师事务所，就必须有一处房子。老圃先生素来喜欢有历史底蕴的东西，他看中了一座始建于明朝的建筑，也是苏州著名的老宅"安徐堂"。几百年的风雨早已让"安徐堂"变得破败不堪，可是老圃先生执意认为这里是最好的住所，只要拆掉一些破旧的小房子，再移植一些花草树木，这座百年古宅便一下子风雅起来。

执意不修建新宅，是因为老圃先生始终把房子当成身外之物。房子一旦建造起来，就变成了一份值钱的家产。他见惯了那些守着家产坐吃山空的纨绔子弟，也见多了那些为了争夺家产大打出手的不肖子孙。

经营家产不仅是件费力的事情，还可能影响到子孙后代的价值观，那么索性不要让子女对家产形成依赖，他早就明明白白地告诉自己的所有子女，不会给他们留任何家产，唯一能留给他们的，就是学会如何自立。

父亲的话影响着杨绛一生，学会自立，是一个人的修养。杨绛一直在用"自立"这两个字完善与锤炼自己。因为自立，她虽身处逆境，却懂得积极乐观；因为自立，她内心乐观；因为自立，她刚强果敢。

所谓自立，简单说来，就是自食其力。就连在家里，老圃先生也在锻炼着孩子们用劳动换取甜蜜的果实。虽然经过简单的修葺，"安徐堂"已经可以居住，但是几百年的风雨毕竟渗透进了一砖一瓦的每一个缝隙，留下的不只有历史的尘埃，还有数不尽的蜘蛛和小虫子。

在所有的房间全部修缮完成之前，老圃先生给孩子们布置了一个任务，那就是捉虫子，并且"论功行赏"，赏金有着严格分明的等级："小蜘蛛一个铜板三个，大蜘蛛三个铜板一个，鼻涕虫一个铜板一个。"

为了得到赏金，孩子们忙得不亦乐乎，杨绛因为住在学校的宿舍，因此"赚钱"的机会最少，可是只要周末回家，她就会放下书包投入捉虫子的阵营。

父亲知道，这一点点的小钱不会教得孩子们唯利是图，反而会在恰到好处的刺激之下，让他们懂得劳动光荣。事实证明，老圃先生的想法是正确的，孩子们虽然为了赚取赏金，捉虫子捉得忘乎所以，可是赚来的钱却统统交给母亲保管，天长日久，甚至记不得在母亲那里存了多少钱，也就不了了之。可是家里的"虫灾"的确得到了控制，不得不承认，这是老圃先生教育子女方式中的一个成就。

因为父亲的工作关系，杨家的生活条件还算富裕，却也绝对不是大富大贵的人家，在父亲的教育下，孩子们从小就很俭朴，从不羡慕有钱人家的孩子吃、穿、用的奢侈东西。

杨绛曾在文字中写道："假如我们对某一件东西非常艳羡，父亲常常也只说一句话：'世界上的好东西多着呢……'意思是：得你自己去争取。也许这又是一项'劳动教育'，可是我觉得更像鼓吹'个人奋斗'。我私下的反应是，'天下好东西多着呢，你能样样都有吗？'"

没有过分的欲望，人生才能获得满足。许多家长总是拼命在孩子的头脑中填塞"争取、拼搏"的道理，却忘记了教会孩子怎样才能让内心得到满足。不懂得满足的人，也就学不会快乐，想必杨绛的乐观进取，就是因为懂得知足常乐的道理。

时光匆匆，不可抗拒；人生匆匆，不可挽回。欲望让人丢失了孩童的纯净,即便糖果撒了一地,也不会为之惋惜或是心动。被欲望填充的世界,无法再如同旧日那样斑斓,夜空中的星星,也变得不再耀眼夺目。

与其心怀那些如同浮云般的欲望在半空中漂浮不定,不如在坚实的土地上走出深沉的足印。这样的足印会在阳光下轻轻地闪着光,经年以后,才会忽然发现那些曾经以为可遇而不可求的东西,其实一直相伴左右,例如美好的爱情,例如温暖的亲情。

杨绛的心中,始终为亲情留出了很大的空间。平时她住在学校的宿舍,认真地做一个勤奋的学生。到了周末,她便提着行李飞奔回家,一头扎进父母的怀抱,做父母调皮可爱的"老小"。

无锡人把所有的孩子通通称为"老小",杨绛虽然不是家里最小的一个孩子,却是最受宠的一个。她喜欢在母亲身边撒娇,也愿意做母亲的"小棉袄",替她分担家务,照顾年幼的妹妹。

母亲曾说,刚出生的小女儿像极了因病夭折的二女儿同康。二姐是杨绛最喜欢的姐姐,小时候谁都哄不好调皮的杨绛,却只有二姐能哄得她乖乖听话。看到母亲这样说,她对二姐的依恋也转移到了小妹身上,时常轻轻地把她揽在怀里,哼着歌谣哄她睡觉。

昨日的过往,今日的感怀,全部可以从人生路上留下的脚印中寻找。从脚印中,可以轻易分辨出一个人的个性,杨绛的母亲,就是一个性格温婉、从不与人争抢的女子。

因为家中子女众多,有些家务必须靠用人来帮衬。可是母亲每次嘱咐用人做事,都是客客气气,从不指手画脚。杨绛的姑母杨荫榆脾气有些古怪,面对这位难伺候的小姑子,母亲也从来没有露出一丝不快,反而处处退让,好的东西都留给她享用。

心疼母亲的杨绛总是想方设法偷偷留一些母亲爱吃的东西,有时候是水嫩的蜜橘,有时候是甜蜜的糖炒栗子。趁着没有人注意的时候,把这些零食捧到母亲的嘴边,母亲却依然舍不得吃,想要留给孩子们,只有被杨绛缠得紧了,才象征性地吃上几口。

都说母女连心,杨绛怎能不懂得母亲的良苦用心,她执意不肯让母亲把这些东西推回来,抓着她的手不肯松手,直到母亲把东西吃得一个不剩,才眨巴着眼睛,心满意足地离开。

在父亲面前,杨绛同样是一个贴心的女儿,她知道,父亲在工作的时候,也希望有人陪伴,只是不喜欢小孩子吵闹。于是,她总是乖巧听话地和父亲同处一室。父亲工作,她就在一旁静静地看书。甚至学会了不发出任何响动地给父亲倒茶、给烧得通红的炉子添煤。

如果将人生比作耕田,只有经历过春日的辛勤播种,才能在秋日里迎来丰收的硕果。如此才不算光阴虚度,蹉跎四季。

对于十几岁的杨绛来说,人生的播种就是读书,也许是受了父母的影响,她自幼爱书如命。父亲曾问她,如果三天不让她读书,会怎么样?杨绛认真地思索了好一阵,回答了三个字:"不好过"。

父亲又问:"一星期不让你看书呢?"这次杨绛没有思索很久,冲口而出:"一星期都白活了。"父亲认同地点头微笑,从这个懂事的女儿身上,他仿佛看到了自己年轻时候的影子。

书香是女人身上最迷人的香氛,它如同火花般点燃人的思想,如同甘露般哺育着人的成长。女人在书香中优雅,因为腹有诗书,所以气自华。书中的文字如同一盏盏明灯,可以在黑暗中照亮人的前路,因为不再迷茫,所以走得坦然,走得踏实。

点燃生命之火,便能在逝去的岁月中留下一串串闪光的足迹。时间总在不经意间一分一秒地逝去,待到想要回头追溯,却发现逝去的时光再也无法找回。它短暂得禁不起丝毫的挥霍,仿佛一眨眼的工夫,就可以雕琢出一个美好的面貌,也可以将原本美好的东西侵蚀得体无完肤。

人生之路,必将经过一座又一座驿站,无论是否找到真正的归宿,至少那些刻在路上的足印,祭奠着匆匆流逝的年华,亦可重温片刻的美好。

第二章

在命运的迷林，找到自己的出口

作为女人，杨绛懂得"放过自己"，从不要求自己变得完美，更不屑于和任何人攀比。别人的夸赞不一定可以换来内心的满足，虚荣过后，很可能是不安与失落，那么索性屏蔽外界的一切言语，只在自己的世界里翩然起舞。只有这样，你才会比任何人都快乐，因为别人无法感受你内心的满足。

为世界降噪，聆听内心的声音

在欲望面前，有多少人敢说真的了解自己的本性？许多人只能看到自己比别人少了什么，却并不知道自己内心中真正想要的是什么。有多少人能静下来，与自己的内心进行一番对话？就像照镜子一样，让真实呈现在自己面前。

有些人越是在大事面前，越是容易慌乱，仿佛走入一座遍布迷雾的森林，看不清未知的前路。其实，那些迷雾不过是扰乱思维的障眼法，只要能够让内心平静，用耳朵倾听它的声音，脚下的路也就变得清晰可辨，也许还会额外收获正确方向的指引。

人要么去主动驾驭生命，否则就会被生命驾驭。每个人的心里，都有一汪潺潺的溪水，只要你懂得欣赏，就能发现与众不同的韵味。

杨绛直到高中时代,才真正懂得这个道理。那个时候的女孩子,即便上过学、读过书,大多数也很难真正拥有自己的思想,许多人不过是跟风一般人云亦云,说了许多话,做了许多事,却不知哪些才是自己真正的想法。

高中时代的杨绛也险些犯下这样的错误。那一年,她刚刚十六岁,北伐战争取得了胜利。当时的学生们永远是走在政治事件前沿的积极分子,在这样的局势下,学生运动更加盛行,常常有学生们聚在一起开群众大会,更多的是走上街头游行。

杨绛所在的学校自然不甘示弱,他们自发地鼓励学生积极参与到学生运动当中,走上街头,走进人群,让人们看到属于学生的爱国热情。

那一次,学生会组织发动学生们到街上去做宣传,每个人都要站在一只板凳上,对路上的行人进行慷慨激昂的演讲。杨绛自然也成为演讲的候选人,可是她心中的真实想法是不想去,并不是觉得这样的行动没有意义,只是面对这么多陌生人,难免觉得难为情。

杨绛的个子比同龄的女孩子要矮上一些,虽然已经十六岁,可看上去好像不到十三四岁的样子。她觉得自己又瘦又小,像个小猴子,如果站在板凳上演讲,围观的人们岂不是觉得是在看猴戏?

如果仅仅是脸皮薄,还可以克服,杨绛不愿参加学生运动还有另一个原因。她一向心思细密,在做事情之前会考虑周到。

在当前的局势下，许多无赖轻薄的人，会趁着这样的机会占女孩子的便宜，如果真的遇到该怎么办？

杨绛越想越不愿意去，却又不好意思开口拒绝。当时许多家庭的观念依然陈旧，他们会不允许家里的女孩子参加学生运动，这些女孩子只要说"家里不让"，也就没有人会追究。杨绛也想用这个借口，可她不愿撒谎，打算先征求父亲的意见。

没想到刚刚对父亲说出自己的内心想法，就遭到父亲的一口回绝。老圃先生告诉女儿："你不肯，就别去，不用借爸爸来挡。"

的确，有时候我们明明已经聆听到了内心的真正声音，却迫于种种原因，不愿意去承认自己真实的想法，许多遗憾与错误也就因此铸就；有时候我们故意忽略掉内心的声音，去盲目地选择别人认为正确的路，去爱别人认为值得爱的人，一旦失败，与别人无关，所有的后果都要由自己来承担。

遭到父亲的一口回绝，杨绛似乎并不甘心，她觉得凭借一己之力难以违抗大家的决定，继续分辩着："少数得服从多数呀。"父亲却依然没有转圜的余地，说道："该服从的就服从，你有理，也可以说，去不去在你。"

少数服从多数，不过是在无关紧要的情况下一个不成文的规定。当涉及是与非，也就变成了一个原则性的问题。真理往往掌握在少数人手中，如果每个人都迫于对方人数的压力选择服从，这个世界上又何来真理可言？

似乎是为了加深杨绛懂得自己选择的观念,父亲又对她讲了一件当年发生在自己身上的趣事。当时,老圃先生还是江苏省高等审判厅的厅长,当地士绅名流为了表示对一位军阀的欢迎,在报纸上联名刊登了一篇欢迎词,在没有事先告知老圃先生的前提下,把他的名字也加了进去。

他们自以为是地认为,无论老圃先生是否愿意,名字登了报,就既成事实。可是老圃先生本就不欢迎那位军阀的到来,当他在报纸上看到自己的名字,觉得这有违他的本意,于是马上在报纸上声明,自己没有参与写欢迎词。

想起当年的行为,父亲也不免失笑。他虽然觉得自己处理得有些不通人情,却也从未对当时的耿直感到后悔。父亲想到了美国总统林肯说过的一句话:"Dare to say no(敢于说不)!"并且还用这句话反问杨绛:"你敢吗?"

一个"不"字,堵住了多少中国人真正的内心想法。每当这个字出口之前,有多少种委婉的说辞在心中反复盘旋,为的就是尽量不说出这个"不"字。然而,说"不",是每一个人的权利,它代表着一个人的勇气,更代表着一个人的尊严。

父亲的一番话给了杨绛敢于说"不"的勇气。只不过,她依然不好意思说出不愿参加游行的真正理由,只是用一句简单的"我不赞成,我不去"代替。

这一句话也让杨绛立刻成了众矢之的,有同学把杨绛的话告诉给校长,杨绛遭到了校长一番狠狠的批评。这反而更加激发了杨绛坚持内心声音的勇气，无论校长和同学们怎样批评，她打定了主意，就是不去。

任何人的思维和言语，都不可以成为改变你真实想法的理由。种种外在的压力已经让你心中属于自我的空间被压缩得小得不能再小，而真正的你，就一直安静地生活在内心那个狭小的角落里。

当你渴望被他人认可，心中的那个小人便安静不语；当你去追求虚荣与名利，他也可以躲在角落里不发出任何声音。他的力量并不强大，只能安静地等待着你的真正觉醒。每一次当你违背自己的真心，心中那个真正的你就会变得逐渐萎靡，当他在你的心中消失不见，你也就渐渐地迷失了自己。

哪怕遭受指责，杨绛也要做真实的自己。事实证明，她的选择是正确的。学生们积极参加游行的精神是宝贵的，可是他们毕竟年轻，年轻人做事，有时候只凭一腔激情，很少有人像杨绛那样谨慎地思考。

街市上的无赖地痞果然来凑热闹，一些自称是国民党团长的人也出现在演讲现场。三个进行演讲的女孩子刚刚宣传了不到半天，就被这些所谓的军官邀请去游留园吃饭。单纯的女孩子们欣然应允，她们哪里知道人心的险恶，更不会去想后面还会发生什么事情。

好在那天没有发生不好的事情，不过，校长知道后还是后怕了一阵，她担心那些所谓的军官不怀好意，赶快阻止了学生们的游行,也不许女孩子们再出去进行宣传。

那些曾经指责杨绛的学生,此时觉得她有先见之明,纷纷表示赞许。杨绛微笑不语,她在心中感谢着父亲,是他在关键的时刻教会自己敢于说"不",从此,"不逞英雄,不做狂热的理想主义者",也成为杨绛一生的处世哲学。

即便是多年以后在工作岗位上遭受冷遇,杨绛也从没有感到萎靡。看到钱锺书先生的成就,她也没有产生半分嫉妒。她就这样不疾不徐地做着自己,当生活变得干涸乏味,她就想方设法为心灵注入生命之泉,用生活中的点滴趣事作为调剂。

其实,每个人的内心都想要追求幸福,只是有时候轻信了错误的指引,走向了错误的航向。在人生的旅程中,任何时候掉转船头都不算晚,只要不是停滞不前,总有一天会到达幸福的彼岸。

聪明的杨绛通过父亲的教诲,竟然也学会了"触类旁通"。她不再是一味地接受"填鸭式"的教育,而是懂得用自己的头脑分辨是非。有些古人和学者的话并非绝对正确,只要是杨绛从中听出了一些纰漏,就敢于在课堂上与老师进行争辩。

一次国文课上,老师马先生正在讲解胡适的《哲学史大纲》。其中一句讲道:"白马,非马也。"这是古代逻辑学家公孙龙提出的一个著名的逻辑问题,他认为,"马",是说明形态,而"白",是说明颜色,所以"白马"不是"马"。

可是杨绛无论如何都想不通这个道理,更加不认可。她直截了当地在课堂上表达出自己的反对意见,并且说:"假如我说'马先生,非人也',行吗?"

其实,杨绛的见解也并非正确,但值得鼓励的是她敢于说出内心真实想法的勇气。她真的把心灵的语言当成了一种好听的音符,倾听内心的话,就仿佛在欣赏一曲动人的歌。那歌声中有姹紫嫣红的花园,有夜空中的繁星点点,还有四季的美丽交替变换。

我们不能去改变别人,更不能被别人轻易改变。任何人都不是你,他们不懂你的喜怒哀乐,也不懂你面对的所有问题。如果你曾经用一层保护罩隔离了内心的声音,那么应该早些把它拿掉,让心灵好好地透一透气,不要让它因为思想的干涸而萎靡不振。

从小到大,杨绛一直走在自己选择的道路上。开明的父母从未强迫她做任何事情,就连读书与学习,都按照她的兴趣来,父亲买给她的书,也大多是杨绛自己开出的书单。

父亲懂得培养每个子女的特长,就像杨绛的三姐,不喜欢上学,父亲也没有刻意强求。杨绛喜欢读书,父亲就无条件地支持。不过,杨绛也有不擅长的地方,直到高中,她还分不清平仄发音,父亲只是安慰她顺其自然,到时候就会了。

果然像父亲说的那样,仿佛是突然之间,杨绛就学会了分辨四个音调,回想起父亲当初的话,杨绛发现自己更适合自学。振华中学的教学条件的确不算好,杨绛有些惋惜自己在这里无法学到更多的知识，只好通过自学去弥补。

虽然她总是知道自己想要什么，可有些事情还是在不知不觉间受到了别人的影响。比如她好不容易在启明女校学会的正宗英国口音，被振华中学的美籍老师硬生生地改成了美式发音。

不过，与人生中的大是大非相比，这只能算是不起眼的遗憾。杨绛始终将人生大船的船舵握在自己手中，亲自驾驭着自己的生命。有时候，内心的声音不只是表达着自己的愿望，它也是一种鼓励和指引，无论你是否相信，它都在坚持着默默地对你进行提醒。

每个人都有自己的音符

每个人都有一个专属于自己的世界,每个人的世界里都在演奏着风格迥异的乐章。有的激昂,有的慷慨,有的悲壮,有的欢快。这些乐章的风格取决于每个人走过的路、看过的风景。那些哀伤的乐章往往来自坎坷与泥泞,欢乐的乐章则来自平顺的坦途。

不过,无论你的世界里正在上演怎样的乐章,只有你自己才能欣赏与体会,别人可以分享你的快乐,但绝不会分担你的忧愁。无论顺境逆境,只有你才是自己的世界里独一无二的表演者,任何一种乐章,都可以让你翩然起舞,舞出自己的精彩,也许荆棘也会变成绚烂的花朵。

与那些从荆棘丛中走出的人相比,杨绛是幸运的。她的一生虽偶有坎坷,却都能够平稳度过。尤其是在青春岁月里,她手握着大把可以恣意挥霍的青春，就像一株茁壮成长的树苗，朝着阳光的方向无忧无虑地攀升。

青春时代的些许忧愁，在多年以后回忆起来，才发现是那样不值一提。有时候，这些忧愁还会暗含着"塞翁失马"的道理，当你正在为失去了某一次机会而惋惜，命运却在不知不觉间为你创造了另一个机会。

靠着自学，杨绛用五年的时间学完了振华中学六年的课程，提前一年毕业。就在杨绛忍不住为自己的小小成就庆贺的时候，却得知了一个令人遗憾的消息：清华大学不来上海招生了。

清华大学是杨绛一心向往的学校，从前只招收男生，好不容易盼到招收女生，而这一年却不来上海招生。与清华大学失之交臂，杨绛有些遗憾，尤其是当得知第二年清华大学又来上海招生，许多没有提前毕业的女同学都考入清华大学之后，杨绛更是为提前毕业感到后悔。

塞翁失马，焉知非福。原来有些表面上值得庆祝的事情，竟然也会掩盖着更大的失望。杨绛虽然为自己感到惋惜，却也并没有一蹶不振。一切都是最好的安排，有时候，生活也会为某些事情遮盖上一层掩饰，虽然揭开这些华丽的掩饰，往往让人感到失望，不过只要不自暴自弃，那些被掩藏起来的忧伤也会变成灿烂的笑容。

无论去哪所学校，上大学对当时的女孩子来说都是一件大事。杨绛的成绩十分出色，同时考上了南京金陵女子文理学院和苏州东吴大学，并且都是以第一名的成绩被录取。全家人也把杨绛究竟应该选择哪所学校，当作一件大事来讨论。

杨绛有着开明的家人，他们从不认为女孩子就应该与男孩子划清界限，反而觉得若只同女孩子接触，性格会越来越腼腆闭塞。顾名思义，南京金陵女子文理学院就是一所只招收女学生的学校，东吴大学则同时招收男女生。

一家人认为，与男孩子多接触，可以学习他们活跃的思想，还可以结交更多的朋友，在学习上相互鼓励、启发，这绝不是坏事。于是，东吴大学就成了杨绛的不二选择。

青年时代的杨绛依然有一些腼腆，不过她从不会将生活赠予的一切新鲜事物都拒之门外。虽然有些害羞，她也希望能够多与男孩子接触，让自己的性格变得大方起来。

这正是杨绛的优点，无论进入多么陌生的环境，她都会尽最大的努力尽快适应。告别对家人的依赖，学会独立承受一切，与昨天那个不够完美的自己挥手告别。生活中不会永远只有暖阳照耀，有时候也会阴雨连绵；人生旅途中不可能永远一帆风顺，有时候也会遇到磕磕绊绊。然而历史的车轮始终都在滚滚向前，从不停歇，人生也应该不断向前，因为任何人都没有退回去的机会。

在一个象征着收获的金秋，杨绛走进了东吴大学的校门。这所学校成为她未来的一段人生里的小小世界，是否能在这个世界里翩然起舞，全部要看杨绛是否愿意为自己搭建舞台。

走进一个全新的环境,杨绛有一丝腼腆,却又十分兴奋。未知的一切都在撩拨着她的好奇心,她迫切地想要知道,在这所陌生的校园里,究竟有多少惊喜在等待着自己去发掘。

时光日复一日地向前,生活却不能日复一日地重复。无论日子是忧伤还是美好,总要用自己舞动的身姿,让生活有一些丰富多彩的变化。

虽然东吴大学同时招收男女生,可是像杨家这样开明的家庭并不多,所以来男女混校读书的女生就很少。因此,在杨绛入学的时候,东吴大学甚至连一座专门的女生宿舍楼都没有,为数不多的女同学们,全部被安排在一座小洋楼里。

杨绛再一次体会到了什么叫作"塞翁失马",虽然没有独立的女生宿舍,可是这座小洋楼原本是一位美国教授的住宅,有着别样的景致。从房间的窗户就能看到外面茂密的树丛,每到夏日,绿油油的爬山虎爬满了整面墙,看上去生机盎然,却又清净雅致。

所以,生活不会给你绝对的苦涩,其中的甜味,必须靠你自己去加工,淬炼出甜蜜的调料,就叫作心态,这种调料并不难使用,只看你自己是否愿意。

杨绛心中的那个世界,一直都是岁月静好。未来的道路已经一点一点地呈现在面前,终点虽然遥不可及,但眼前的一切都值得好好享受。她是个淡然安静的女子,如菊如兰,哪怕世事再多喧嚣,也在清净的世界里安静地做着自己。

她喜欢自己居住的这个地方，三四个年龄相仿的女孩子成了她的室友。每个女孩子的性格都不同，可是杨绛依然可以和每个人都相处愉快，她总是懂得拿捏好与人相处的分寸，从来没有任何一个女孩子说过杨绛的坏话。

杨绛从不觉得几个人同住一个房间拥挤，反而觉得人多了热闹一些。女孩子们常常在睡前开起"卧谈会"，聊天的内容天南海北，欢快的笑声时常划破宁静的夜空。

其实，杨绛的室友并不全都是好相处的，其中一个女孩子出身官僚家庭，行为举止很有派头，还是一位知名人士未来的儿媳。杨绛从不羡慕她家境好，反而因为她是封建婚姻的牺牲品而有些同情她。

这位女同学曾经做过北京大学的旁听生，觉得自己见多识广，别人都是没见过世面的人。不过她唯独对杨绛赞不绝口，足以见得杨绛懂得与人相处的分寸，是一个让人挑不出毛病的人。

这并不是因为杨绛圆滑，反而因为她真诚。与人交往，每个人都会看透彼此的本心。即便短时间之内摸不透，久而久之，真正的为人就会暴露出来。与其虚伪隐瞒，不如以诚相待，坦荡做人。

这位女同学把别人都形容为"三层楼上的小姐"，偏偏觉得杨绛是个有吸引力的女孩子。一次"卧谈会"上，她以为杨绛睡着了，索性毫不掩饰地说："杨季康（杨绛）具备男生追求女生的五个条件：(一)相貌好；(二)年纪小；(三)功课好；(四)身体健康；(五)家境好。"

杨绛害羞得不敢搭腔，只好继续装睡。不过，她对这位女同学的看法却十分不认可。她的这一番高谈阔论，原本出自《爱情衡》，就是把男女之间的匹配程度列成表格，像公式一样，认为只有双方的条件达到一定平衡，才是最合适的婚姻。

爱情无法用任何公式来衡量，这位女同学所说的那些优点，也不过是可以取悦到男子的一些条件。如果爱情之间真的要维持一种平衡，那也应该是彼此的好感与感情，绝不是靠取悦对方来换取所谓的爱情，即便是结婚，这样的婚姻也不会幸福，甚至不会长久。

杨绛的容貌虽不算倾国倾城，但也算清秀可人。她从不将容貌当成吸引人的资本，反而觉得自己的脸皮太薄，需要锻炼。

东吴大学的教学理念十分先进，文化教育和体育教育同等重视。杨绛虽然文静，身体协调性却很好，还参加了女子排球队，竟然打得十分出色。不仅成为排球队一名出色的队员，还被推举去参加比赛。

和邻校球队的比赛，是杨绛参与的第一场比赛。最初站在赛场上，身材瘦小的杨绛还有些紧张，可是她的同学们全都站在她的身后，做她的啦啦队，还为她摇旗呐喊。虽然杨绛知道，同学们是在为学校争得荣誉，并不是为她一人而来，不过，听着他们喊着"加油"，她的羞怯似乎正在一点儿一点儿消退，自信在一寸一寸地增长。

到了杨绛发球的那一刻,她已经完全忘记了什么叫作紧张,她将皮球高高地抛起,用右手奋力一击,排球带着弧线飞向了对方的那一半场地,对手还没来得接球,排球就掉在了有效的得分区域。

这一记漂亮的发球瞬间鼓舞了队员的士气,她们越打越好,终于赢得了比赛。同学们在球队的身后又唱又跳,拼命挥舞着旗帜为她们庆祝。

这次比赛,也成了杨绛生命中十分美好的一次回忆。有时候,看到电视上正在转播女子排球比赛,她也会不无骄傲地说一句:"我也得过一分。"

大学时光是太美好的一段人生旅程,杨绛在大学生活中追求着美好,也享受着美好,更珍惜着美好。在用内心搭建的舞台上,只有她自己才看得到自己虽然笨拙,却不失优美的舞姿。她认真而又执着地迈动着舞步,保留着一份真诚,更不轻言放弃。

原来快乐真的是一件很容易的事情,甚至可以在你小小的世界里如影随形。你的心走到哪里,快乐就可以跟随到哪里。它不需要你刻意去寻找,因为它就在你的身边,只要你愿意发现它的存在,它就会用温柔的手掌轻轻触碰你的脸颊。

普希金曾说:"一切都是暂时的,一切都会消逝,让失去变得可爱。"的确,失去也可以成就另一种美丽,就像握不住的沙,不如将它抛向天际,让纷扬的沙粒下一场梦幻的雨。

  年轻的杨绛并没有真正失去过什么,但是她却懂得珍惜手里拥有的一切,例如读书的机会。她曾经对父亲说,如果一星期不读书,就等于白活了。书籍的确是她生命中必不可少的养分,没有了书籍的滋养,生活就会变得干涸无味。

  幸运的是,东吴大学有一座很大的图书馆,散发着浓浓的书香,只要没事,杨绛就会一头扎进书海,从清晨到夜晚,不到图书馆关门决不出来。

  与书为伴,让杨绛觉得充实而又踏实。有书可读的日子,杨绛觉得无比满足,因为满足,所以快乐。书籍让她觉得自己拥有了很多,这些无形的财富反而让她不去期待那些有形的财富,当人们想要奢求更多,往往也就忘记了如何快乐。有些得到的东西反而成为肩上的包袱,压得人步履沉重,又怎么可能走出轻松的姿态?

  即使不完美的风景,也值得微笑面对,因为有些风景注定只能在你的生命中出现一次,一旦错过,就再也没有回头的机会。不强求完美,也是一种成长;不虚度人生,也是一种成就。

  杨绛最无法忍受的就是虚度人生,她总是恨不得一天可以多出几个小时,把这几个小时统统浸泡在文字里,随着文字中的内容或哭或笑,才能品尝出生活的美好。

  也许是因为对完全陌生的国度的向往,杨绛最喜欢外国的文学作品,尤其是小说,那里面写满了她没有经历过的生活,包括爱情。然而她并不是只喜欢从故事中看热闹,每看一本书,她总要从里面学到一些什么。

例如看外文小说,可以让她的英文阅读水平大大进步。在东吴大学读书的三年时间里,杨绛的外文水平已经很高,也为日后出国留学打下了坚实的基础。

杨绛所做的一切,全部出于自己的兴趣。她从不刻意取悦他人,更不会为了一句别人的夸赞而在不喜欢的事情上拼命。作为女人,杨绛懂得"放过自己",从不要求自己变得完美,更不屑于和任何人攀比。别人的夸赞不一定可以换来内心的满足,虚荣过后,很可能是不安与失落,那么索性屏蔽掉外界的一切言语,只在自己的世界里翩然起舞,只有这样,你才会比任何人都快乐,因为别人无法感受你内心的满足。

遇见一个未知的自己

有时候,生活会促使你不得不逼自己一下,做一些从未尝试过的事,去一些从未去过的地方,说一些从未说过的话,见一些从未见过的人,甚至做一些从未做过的选择。当你再次转身,也许会收获一个惊喜,遇见一个未知的自己。

人的一生要面临无数个分岔路口,每一次都不得不做出选择。每一次选择,都是一次成长,一次蜕变,因为当决定走上一条完全未知的道路,你要做好面对一切的勇气,更要做好承担一切后果的准备。

没有人可以逃避选择,就像没有人可以逃避成长。那些你以为侥幸逃避过去的东西,其实永远都不会完结,它就潜伏在某一个黑暗的角落,时刻压抑着你的情绪。唯有学会怎样选择,才会让你的力量变得强大,那些不愿意面对的事情,也就渐渐消解。

从小到大,杨绛也曾亲身经历过许多选择,每一次选择都会令她经历一番激烈的思想斗争。这种纠结的痛苦,源自她还不知道自己究竟是谁,究竟可以做得多好,甚至不知道追求的东西是不是自己真正想要的。

尤其是在进入东吴大学的第二年,面临专业选择的时候,杨绛这种纠结的心情就越发强烈。如果杨绛的成绩更偏向某一个学科,也许在选择的时候就会更加容易,偏偏她的文理成绩十分均衡,这就让杨绛犯难了。

在那个年代,似乎学习理科会更有出路,老师们也建议杨绛选择理科。她一时拿不定主意,还是决定回家征求父亲的意见。

父亲更像是杨绛的心灵导师。每当她有任何犹豫不决的事情,父亲总是能给她指引。这种指引不是直接告诉她结果,而是教会她如何分析,如何做出选择。事实证明,父亲的做法是对的,每一个选择都是杨绛自己做的,并且她的选择从未错过。

杨绛问父亲,应该选择什么专业好。面对女儿的彷徨不定,父亲答道:"没有什么该不该,最喜欢什么,就学什么。喜欢的就是性之所近,就是自己最相宜的。"

一句话让杨绛茅塞顿开,的确,不要去考虑任何附加条件,只选择自己想要的,就像上天送给你的一件礼物,也许不那么漂亮,可是完全可以靠自己去装点,它的未来变成什么样子,完全由你决定。

说到自己喜欢的，杨绛首先想到的就是医学。读中学时，她曾经听到有关南丁格尔的故事，正是她的努力，让曾经身份低微的护士职业，一下子变得高尚而专业起来。于是，便想要选择护士专业。

父亲虽然不想左右她的选择，但也会在适当的时候给她一些建议。以杨绛的理科成绩，学护士不如学医，做医生会有更好的发展，也可以救治更多的病人。经过一番考虑，杨绛觉得父亲的话有道理，不过左思右想，她依然有一番顾虑。

虽然以杨绛的理科成绩完全可以选择医学专业，但是她偏偏天性善良，最受不了的事情就是"杀生"。小时候，全家人都喜欢吃一种叫作"炝虾"的菜，就是把刚从水里捞出来的虾放在碗里，放上各种调料"炝"一会儿，等把碗再次打开就可以吃了。因为炝虾是生吃，有些虾在吃的时候还没有死，所以她从来不吃。

一次上生物课，老师教同学们活剥螃蟹的外壳，看看螃蟹跳动的心脏什么样子。几乎全班的同学都完成了，只有杨绛因为不忍心伤害活的生命，所以吓得手脚发软，成为唯一一个没有完成实验的学生。

如果学医，类似的实验课一定少不了，杨绛不确定自己是否有勇气坚持下来。于是，她决定试一下。

其实，每个人的身体里都有一个真实的自己，无论你去哪里,做任何事情,他一直陪伴着你,如果你从未发现他的存在,那是因为你从未狠下心来逼自己一次。隐藏在身体里的那个你,往往比外在的你更强大、更自信、更乐观、更有能力。

杨绛就是想要逼自己一次,看看身体里那个真实的自己究竟是不是学医的料。刚好一位同学的父亲是医生,她可以带杨绛混入医院,假扮护士,观摩手术。她还告诉杨绛,如果她因为害怕而晕倒,会把她抱出去。

杨绛并没有害怕,她站在一个不起眼的角落看完了整台手术,包括如何用针线把皮肉缝合起来。可是,走出手术室之后,她整整两个星期都不再想吃肉。

杨绛终于明白,自己不适合学医。她庆幸自己没有盲目选择,而是提前认清了自己。不过,她依然有些遗憾,这次观摩手术,只让她清楚自己不适合做什么,究竟适合做什么,依然是个未知数。

她忽然记起,父亲曾经说过:"这世上只有两样工作可做,一个是医生,另一个就是律师。"可是她忽略了,父亲说的这两样工作,只是他自己的选择。因此,当杨绛对父亲说自己想做律师时,一向尊重她想法的父亲却表示出强烈的反对。

单纯的杨绛哪里知道,父亲从事法律工作多年,看透了其中的黑暗和人情冷暖。人们为了利益不惜互相算计、互相陷害,有些人更是为达目的不择手段,甚至想要置对方的律师于死地。

父亲怎么忍心自己最心爱的女儿每天挣扎在悬崖的边缘?

只好为她讲了许多其中的黑暗面，杨绛虽一知半解，却也知道，自己天性淡泊，不适合在这样的名利场中生存。

足以见得，有时候我们做出的判断不免片面，因为没有经历，便会主观地编造出一个自以为真实的世界。如果让自己勉强活在这个虚构的世界里，只能给自己带来麻烦。

虽然遭遇两次错误的选择，但对杨绛来说却并不是一件坏事情，错误可以帮助你找到真正的自己，让你成为一个与"本我"差距更小的人。

杨绛自幼喜欢读书，文学是她一生不变的爱好。她终于从错误的选择中遇见了真正的自己，原来她的灵魂始终住在文学的世界，自己竟然当局者迷。

不过，杨绛依然有一丝遗憾。因为东吴大学在当年并没有文学专业，唯一与文学沾边的学科是政治专业。杨绛只好退而求其次，成为政治专业的一名学生。不过，枯燥的政治内容无法引起她的兴趣，她索性将大量的时间都泡在图书馆里，在书海中畅游，是最快乐的事情。

杨绛在百岁时曾经写道："我们曾渴望命运的波澜，到最后才发现，人生最曼妙的风景，竟是内心的淡定与从容；我们曾期盼外界的认可，到最后才知道，世界是自己的，与他人毫无关系；我们曾计较付出的回报，到最后才懂得，一切得到终将失去的，只能空留一抹浮名。走好选择的路，别选择好走的路，你才能拥有真正的自己。"

的确，许多渴望，不过是一时目光短浅的冲动，唯有在阅历中不断成长，才会变成一个更有力量的自己。

人越成长，面临的选择也就越多，有人说"选择比努力更重要"，有时候也不无道理。你的选择可以决定你将要走的路，也会决定那条路的尽头等待着你的是否是幸福。

有些机缘，出现在与梦想失之交臂之后。没有进入清华大学，一直令杨绛心怀遗憾。到了大学三年级，终于有了一次可以转学清华的机会，并且已经拿到了准考证。可就在考试的那一天，杨绛的大弟弟因为急性脑膜炎离世，杨绛也就错过了参加考试的机会。

不知是否命运对她做出的补偿，就在同一年，杨绛获得了去美国著名女校卫斯理免费读书的机会。获得全额奖学金是一件多么风光的事情，可在这难得的机会面前，杨绛却显得过于淡定。

她已经习惯了面对各种各样的选择，也已经学会了在不同的选择之间分析利弊。回到家里，她平静地把这个消息告诉了父母。开明的父母知道出国留学是好机会，但还是让杨绛自己做决定。

父亲更是表示，如果杨绛愿意去美国留学，他会全力资助女儿。杨绛并没有对出国留学抱着盲目的憧憬，美国的消费是出了名的高，即便是学费不用花钱，往返的路费和平时的生活费也要靠家里来承担。这是一笔不小的费用，家里也会面临更大的压力。

更何况,自从经历了二姐和大弟弟的夭折,杨绛对父母更加留恋。眼看着两位老人日渐苍老,她不忍心让他们在两鬓斑白的年纪,还要忍受思念女儿的痛苦。并且,因为常年从事法律工作,思虑过度也让父亲血压升高,经常头痛,每次看到父亲犯病,杨绛都会心痛不已。

即便是出国留学,依然不是杨绛最感兴趣的文学,与其到千里之外学习自己不感兴趣的政治,不如留在国内,与自己痴迷的文学更靠近一些。她甚至隐隐期盼,说不定有一天,清华的大门还会向自己敞开。

打消了出国留学的念头,杨绛并没有遗憾。所谓正确的选择,就是将两种选择的优势和劣势列举出来,选择优势更多、劣势更少的那一个。对杨绛来说,留在父母身边,比出国留学换来的成就价值更高,任何好与坏都没有绝对,只有"相对"。

人生就是一场旅行,也许会走入人群之中,欣赏万人称颂的美景;也许会走入荒无人迹的小径,领略从未有人欣赏过的风光。林徽因说:"背上行囊,就是过客。放下包袱,就找到了故乡。"

既然决定不出国留学,杨绛也就放下了心头的包袱,她打算安心在东吴大学毕业,至于未来还会面对怎样的选择,就留给未来的自己去想。

可是,九一八事变的爆发,让杨绛在东吴大学平静读书的愿望终于化为泡影。就在她大学四年级的时候,学生们闹起了罢考的风潮,要求由政府接管东吴大学,把这里变成一所国立大学。

在罢考学生的带领下,学生们纷纷开始罢课,就连想要上课的学生也会遭到阻止。杨绛想到图书馆去安安静静地读书也不可以,想要离开学校就更是妄想。好好的一所大学,仿佛一下子变成了军队,学生们天天整队在校园里操练军操,为了不让校内的人和校外联系,就连电话线都被剪断了。

原本以为要到毕业的那一刻才会面临的人生选择,却不承想在毕业之前,就要重新选择未来的出路。杨绛费了好一番周折,才和同学周芬一起从学校中逃了出来。东吴大学重新开学的日子遥遥无期,坐着等待就等于在浪费时间。杨绛决定离开上海,到燕京大学去借读。

跌跌撞撞才是人生的旅途,没有人可以一味地欣赏沿途的风景,而不为接下来的方向殚精竭虑。

其实,每当面对一个分岔路口,杨绛并没有想到要用一个选择改变自己的一生。她的选择全部是由心而发,让一切都跟随着心中所想去前行。

燕京大学位于北京,去那里读书,就意味着必须经历一次远行。从小到大,杨绛从来没有离开父母这么远,最远的一次也不过是从无锡到上海。因此,父亲提出,只有找到男女同学各三人一同出行,才允许她前往。

父亲的这一个小小条件并不是想要阻碍杨绛的前路，他只是希望人多一些可以结伴而行，路上更加安全。杨绛果然找到了几位同伴，不过，除了她以外，其余的人全都通过了燕京大学的考试，只有杨绛在阴差阳错间成了清华大学的学生。

有些事情越是强求，越难达成所愿，无心插柳，却收获柳树成荫。杨绛终于如愿以偿投入了清华大学的怀抱，等待她的不仅是她最热爱的文学专业，还有一段不期而遇的爱情。

原来，遭遇困顿，才是扭转人生的最好时机，只要不在困境中一味地抱怨，就会遇到一个更加乐观和向上的自己。人生就是一道选择题，学会选择，懂得选择，生命也就变得越发辽阔。

走在灵魂的阡陌上

时光若水，如果能在心中种下一缕阳光，便能温暖每一段前行的路。朝着太阳微笑，自己便会在这个世界上安然盛放，留下一抹独属于自己的清香，让自己成为人生中最美好的装点，带着一颗安暖的心，走在灵魂的阡陌上。

世界上有几种情最暖，亲情、爱情、友情。真挚的友情可以发出温暖的光，无论你是奔跑在阳光下恣意欢唱，还是瑟缩在阴暗中悲伤哭泣，这份光亮都能暖到你的心房。

杨绛不是把交朋友当作乐趣的人，她喜欢与人为善，真诚地对待每一个人，不过，能真正称得上好友的并不多。朋友不在于多，而在于精，更在于心灵相通。只要是被杨绛认定的朋友，便会用一生一世去维系友情，即便是在小学时交的朋友，多年来，杨绛也从未中断联络。

大学为播撒友谊的种子提供了一片肥沃的土地，每一缕阳光都能照射到刚刚从土壤中抽出的新芽，只要心怀阳光，面向太阳，友谊的种子一定会开出绚烂的花朵。

杨绛在东吴大学读书时，与周芬最要好。早在很小的时候，两个人就在杨绛的家里见过一面，当时周芬是跟随妈妈来的，可是却不记得这件事。不过杨绛记得清楚，时隔多年，周芬已经出落成一个高挑的女孩子，杨绛与她投缘，经常有说不完的话题，很快就成了形影不离的好友，同出同入，有什么好事情都一定会想着彼此。

当人与人之间可以打开心扉交往，整个世界仿佛一下子变得简单起来。对别人的防备，也是为自己加上了心灵的束缚，打开心扉的那一刻，才能感受到生活的另一种自由。

杨绛学政治，周芬学医学，不同的专业丝毫没有在两个女孩子之间产生隔阂。她们同样嗜书如命，同样勤奋刻苦，相互陪伴着走过了在东吴大学的时光。

友情是最好的陪伴，它能让心灵的荒芜地带被繁花装点，也能穿透心灵抚慰灵魂的孤独。有人说，朋友是被命运之神在同一时间安放在同一条路上的同行者。也许正是这无形的缘分，让原本陌生的两个人，一路相互扶持、相互慰藉，真挚的友情，也就在温暖中渐渐滋生。

只要是真正的友情，任何时候到来都不算晚。初次相逢的时刻，杨绛和周芬都太小，对人生依然懵懂的她们，甚至不知道什么叫作朋友。多年以后的这次重逢，是对当初遗憾分别的最好的弥补。虽然两个人专业不同，不能一起上课，可是下了课的时光，两个人便形影不离，无论吃饭、读书还是散步，都要在一起。

与朋友相处的日子里，哪怕一抹云淡风轻的微笑，都能温暖心灵。因为身边有一个坚实的陪伴，每天都可以从容地推开岁月的门扉。友谊之花已经在阳光下盛放，如同花开不惊的兰花，芬芳而雅致。

在朋友面前无须任何掩饰，最好的交流方式就是做真正的自己。在外人眼中，杨绛是个腼腆、不爱说话的女孩子，可是在周芬面前，她却是个不折不扣的捣蛋鬼。也许是因为杨绛身材瘦小，周芬身材高挑，因此周芬经常会把杨绛当作小孩子来照顾，杨绛也索性搬到周芬的宿舍，这一下成了室友，就连睡觉都可以在一处了。

杨绛贪睡，早上经常赖床，周芬也不打扰她，而是默默地一个人去食堂买好两个人的饭，大多数时候买回来的都是馒头。一次，周芬一边在宿舍里吃着馒头，一边认真地看着书。一旁也在吃馒头的杨绛一下子玩性大发，她偷偷地掰下一小块馒头，搓成一个长条，不仔细看，就像一条白白的肉虫子。

趁着周芬不注意，杨绛一下子把"肉虫子"扔到了周芬正在看的书上，吓得周芬尖叫起来，躲得远远的。看着好友花容失色的样子，杨绛不紧不慢地走过去，捡起书上的"肉虫子"吃了下去，一面吃，一面还不忘嘲笑周芬胆子小。

周芬这才知道是杨绛的恶作剧，赶忙起来追着她打，直到打闹得累了，才重新坐下安静地看书。

无论如何打闹，杨绛和周芬之间都不会出现女孩子间的斤斤计较。她们都有宽容的雅量，也懂得彼此之间从无恶意。有时候，友情也需要足够的信任，信任就像滋润着友谊之花的水源，能让美丽的花朵常开不败。

杨绛是一个如同春暖花开般的女子，永远微笑向阳，寂静安然。她有一颗波澜不惊的心，在简单如水的时光里，静静地欣赏繁华的烟云。也许，只有这样的人，才能真正懂得什么叫作岁月静好。

走在人生的旅途上，每个人都会疲倦，朋友与家人一样，都能为疲惫的人提供心灵休憩的港湾。哪怕只是相对而坐，品一杯清茶，追忆一下过往的印记，也能为心灵重新找回一丝安暖。

多一个朋友总比多一个敌人要好，并非要抱着一定的目的去交往，而是要抱着"君子之交淡如水"的心态，让心与心在信任中交流。

杨绛与周芬绝对可以成为彼此信任的朋友，杨绛的个性调皮，周芬的个性温柔，两个人在一起时常能碰撞出互补的火花，彼此照应，又彼此守候。

东吴大学是一所教会学校，按照规定，饭前必须进行祷告。

许多听话的女生都按照要求祷告,也有一些人反对祷告,偏偏在祷告的时间里吃饭。周芬也不是教徒,她虽然不赞成祷告,也只是默默等待,等大家祷告结束了,再一起吃饭。

杨绛则不同,看不过去的事情就要据理力争,争到胜利为止。东吴大学虽然是男女生同校,却偏偏男女生区别对待。男同学下午四点以后就可以到校门外去溜达,女同学任何时间都不可以出校门。只有大学四年级的女生才可以在下午四点以后出去一会儿,不过溜达的范围却有限制。

杨绛一直认为这样的规定不公平,只是也没有太多需要出校门的必要,一直忍着。可是,学校还规定,天黑以后,女生就不可以到校园散步,说是为了女生的安全考虑,也是为了防止男女生晚上凑在一起谈恋爱,并且还派宿舍的管理员进行管理。

杨绛虽然没有谈恋爱,可是觉得单独让女生"禁足"实在不公平。宿舍管理员不让她出去,她就去找宿舍管理员理论。理论不出结果,索性就越过宿舍管理员,带着周芬和另一位同学到校园里散步。

宿舍管理员拿杨绛的倔脾气也没有办法,只好通过查房的方式进行管理。可是又不好明着说是来查房,手里拿着一盘杏脯,说是请大家一人吃一颗。倔强的杨绛心里知道是怎么回事,吃了杏脯也并不感谢宿舍管理员。

只要在心里种下一朵花,人生的四季都弥漫着醉人的芬芳。

向着太阳奔跑，不要畏惧刺眼的阳光，它把人生中一切黑暗的阴影都远远地甩在身后，把所有的磨难都变成一种快乐。友情就是阳光赐予心中向暖的人的一种奖赏，只要心中装着阳光，脚步便时时刻刻都朝着阳光的方向前行。

音乐是对枯燥生活的最好调剂。在大学的日子里，虽然有最爱的书和最好的朋友陪伴，但有时候难免感到有些无聊。杨绛和周芬都喜欢音乐，也都能演奏乐器。周芬会吹笙，杨绛会吹箫。两人还都会唱昆曲，时常学着昆曲中拿腔拿调的念白互相对话，惹得一屋子人笑得前仰后合。

真正的友情就是在困难面前也不离不弃，当东吴大学在一片乱局中停课之后，母亲赶来学校想要把杨绛带走。如果杨绛躲在母亲乘坐的黄包车上，也许就能混出学校，可是她不能把周芬一个人扔下，于是让母亲先回家，并且把她和周芬的书和笔记都带回去，这样即使她们离开学校也能继续学习。

于是，母亲走后，杨绛就赶忙带着周芬把所有的衣服都装进箱子里，就连毛巾、袜子、手绢一类的也通通塞进去。像脸盆这种箱子里塞不下的东西，就通通卷到被褥里。手脚麻利地将一切整理好之后，时间还不到四点。两个人就坐在床上闭目养神，只等四点一到，借着出校门遛弯儿的机会溜回家去。

临走之前，杨绛写好了一张字条："请将箱子一只，铺盖一个，交来人带走"，并把这张字条和全部的现金带在了身上。四点一到，两个人就手牵着手走出了校门。看着他们空着手，学生们只当是出门遛弯儿,也没有阻拦。

两个人朝着家的方向慢慢地走,并且想好了被人发现时的借口。等到走远了,发现后面没有人追过来,才快步跑回了家。到家后,杨绛马上吩咐门房雇车送周芬回家,又专门派人拿着字条到学校去取两个人的行李。

困难面前,需要冷静的头脑和敢于挑战困难的勇气。如果只是一味地抱怨、伤心和哭泣,灵魂就会渐渐走向阴暗,心中充斥着负面情绪。这种负面情绪就会像瘟疫一样可以传染给身边所有的人,生活中也就不再有温暖的爱意。

只有面向阳光,才能汲取到越挫越勇的力量,其实任何一个困难都远没有你想象的可怕,向着阳光奔跑,是一种积极生活的态度,它能让精神变得愉悦,也能让人在坎坷面前练就坦然走过的能力。

只有坚强的人,才能受到命运的眷顾。杨绛与周芬凭借着勇气顺利逃出了学校,可是在她们之后的人就没有这么幸运。在逃离学校的机会面前,有人因为恐惧而犹豫不决,正是因为这差之毫厘的犹豫,得到的是谬以千里的结果。

杨绛从不觉得周芬应该感谢自己,在紧要关头,带领朋友逃离危难,被她当作义不容辞的责任。虽然身为女子,杨绛的身上竟然也有些许男子的侠气,许多人正是被她身上的仗义之气感染,才愿意与她成为终生的朋友。

杨绛感谢自己人生中遇到的所有朋友,每一位朋友都在她人生至关重要的时刻提供了帮助和指引。

在东吴大学读书时,杨绛还有一个朋友叫薛正,因为年长,总是把杨绛当小妹妹来爱护。当时杨绛有一个追求者叫朱雯,因为苦追杨绛不成,竟然写了一篇题为《杨朱合传》的文章,刊登在了校内一张不入流的小报上。薛正马上替杨绛抱不平,义正言辞地找朱雯谈话,朱雯这才将全部小报通通销毁。杨绛永远都记得薛正的仗义,时刻都对她当年的作为心存感激。

充满阳光的人生,阴霾也会自行消散。因为心怀阳光,杨绛总是一个招人喜欢的女孩子。与她同龄的美国女孩陶乐珊·斯奈尔就主动与杨绛接近,成了她的好朋友。两个人是同班同学,上课也会坐在一起。活泼的陶乐珊还专程邀请杨绛到家里去过感恩节,那是美国人最重视的节日,杨绛受到邀请,说明她被陶乐珊当成了最重要的朋友。

也是陶乐珊偷偷把杨绛带到了爸爸的手术室里观看病人手术,无意中帮助杨绛打定了不学医的主意。

任何美好的东西,人们都会期盼能够长久,友情自然也不例外。有时候,一同长大的朋友,也会在成长的路途上遇到分岔路口,也许从此走上了不同的道路,但是友情却永远可以通过联络来维系。

杨绛幼时的好友蒋恩钿已经进入清华大学读书,正是她建议杨绛从东吴大学转到清华读书,还亲自陪她报名参加考试。如此真挚的友情,经得起岁月的洗礼,永远保留着纯真质朴,不会被繁华世界的利益诱惑所腐蚀。

  朋友之间的得与失永远不需要计较，你所拥有和失去的多少，也全部由自己的心境来决定。有一句成语叫"境由心生"，究竟是站在阳光之下，还是处于阴霾之中，除了你自己，没有人可以决定。就像卢勒说的那样："生命里有没有阳光是自己决定的，你背对着阳光，阳光是照耀不进心灵来的。"

第三章

遇见你之前，我从没想过结婚

有些所谓的爱情，不过如同流星般划过我们的生命，来得那样猝不及防，走得又那样无声无息，匆忙得连一道痕迹都不曾留下，对着它远去的身影，还没有来得及从这份爱情中抽离的人也不免讶异，爱情是否真的曾经来过？

因为你，我才相信缘分

时光虽浅，却总能留下一些永远都打磨不掉的痕迹，轻轻拂去岁月为它蒙上的灰尘，可以清晰见到如同烙印般的两个字，爱情。

如果有幸遇到相爱的人，无须过多言语，只需一个动作、一个眼神，就能读懂彼此的心灵，想念一世一生。也许爱情是人世间最微妙的感觉，一切的情感都可以在无声中传递，无须刻意播种，浓浓的爱意便已经在心底生了根。

每个女子都对爱情有着不同的期待，唯一相同的，就是都在心底殷殷期盼，自己的爱情可以用美好来形容。爱情不只是冲动，更是一种责任，每个女子都期待会遇到一个把自己捧在手心里的人，从他看自己的眼神中，找到含情脉脉的爱意。

自从进入大学校门，杨绛就成了全校知名的人物。她长得娇小可爱，梳着学生头，像极了可爱的洋娃娃，有人把她的头像画成了简笔画，这幅画像也成了学校每一个球队的吉祥物。

可爱的女孩子永远少不了追求者，学校的小报上曾说杨绛有"七十二个追求者"，虽不至于如此夸张，但的确有人曾给杨绛写过情书。那个写情书的同学假装喝醉了酒，杨绛郑重地把情书还给他，告诉他："你喝醉了，把信收好，不要明天后悔。"

她用最理智的方式拒绝了别人的追求，没有让对方由爱生恨，反而觉得杨绛给自己留足了面子，一面道着歉，一面又说着感谢。

杨绛不是不憧憬属于自己的爱情，只是她觉得，对的人还没有出现。爱情不是随随便便地把心交付给一个人，更不是用各种所谓的标准去衡量对方与自己是否匹配。爱情的到来，应该是在某个不经意的时刻，爱人的眼神中应该会发射出炽热的光，将自己的心灼烧得滚烫。

随意接受别人的追求，是对自己和对方的不尊重，每个人的青春都只有一次，最好的年华，不应该浪费在错的人身上。

每个见到杨绛的人，都说杨绛长得美。尤其是那些年长一些的太太们，每次见到杨绛总是用夸张的语气说着："喔唷，花色好得来，阿有人家哉？"妈妈听到这些话，总是客气地说杨绛还小，可是那些太太却总是想要把一些自认为好的男孩子介绍给杨绛。

杨绛从不觉得自己容貌有多好，即便真的像别人夸奖的一样漂亮，也不应该成为爱情中的资本。真正的爱情是彼此欣赏，心意相通，愿意用一生的时间去相互陪伴，它应该如同水晶般纯净，任何带有附加条件的爱，不过是包装精美的悲剧的开端。

其实，天生的俏丽加上诗书赋予的才华，让杨绛成为一名不折不扣的气质型美女。然而她总是刻意避免谈论自己的容貌，即便是后来有人要为钱锺书写传记，特意提出想见一见杨绛，杨绛也只是回复："我绝非美女，一中年妇女。"

与万千少女一样，杨绛有属于自己的爱情定义。不过却从未刻意寻找，只凭着一颗淡然的心，等待缘分的出现。她坚信，爱情没有所谓的"最好"，只有"最适合"。那个最适合自己的人，身上一定打着独特的烙印，唯有懂的人，才能一眼发现。

很少有女孩子像杨绛一样用理智的态度去对待爱情，爱情本身就是冲动的产物，如同一株疯狂的植物扎根在心里，用心血作为养分，疯狂地生长，占据整个心房，把一颗心都用思念的果实填满。

杨绛的确在心中为爱情保留了一片纯净的天地，但却绝不会让它占据自己的所有，她将自己的心分成了许多份，爱情虽然重要，但与它同等重要的，还有亲情、友情、梦想和未来。

她用最认真的态度去面对即将到来的爱情，因为不把爱情当作游戏，所以一旦被她认为是真命天子的人出现，便会与之相守一生。

月老早已在杨绛的手腕上牵下红线，一段时间以来，她的人生就在顺着红线牵引的方向行走。她在红线的牵引下来到了北京，还没有来得及办好在燕京大学读书的手续，好友蒋恩钿就提议：为何不去清华大学读书。

清华大学一直是杨绛梦寐以求的学府，她自己也并不十分清楚，为什么一直心心念念地想要进入清华，直到钱锺书的出现，她才知道，原来在冥冥中，一切皆有指引。

与杨绛结伴来到北京的好友孙令衔要去清华大学看望表兄，杨绛刚好也要去看望蒋恩钿，于是两人一同前往。没想到，孙令衔的表兄就是钱锺书。

第一次见面，两人只是互相点点头，相视一笑。没有过多言语，姻缘却仿佛前世早已注定。杨绛分明从钱锺书的眼神中看到了自己，镜片背后那双深情的双眼，不就是爱情在他身上打下的烙印？

只需一眼，杨绛就认定找到了对的人。其实，她早就听过钱锺书的大名，他是清华鼎鼎有名的才子，朦胧的情感已经在心头滋生，她必须张开双手，去拥抱这份扑面而来的快乐与幸福。

有时候，一段还没有来得及开始的爱情，常常会遇到一些羁绊，束缚住爱情前行的脚步。有人在遭遇羁绊时选择了后退，然而一转身，错过的却是一生。

杨绛和钱锺书同时对彼此产生了好感，于是都向孙令衔打听对方的情况。孙令衔是费孝通的好友，他知道费孝通一向喜欢杨绛，也许是为了帮助好友达成夙愿，他分别在两人面前说了谎话。

孙令衔告诉杨绛，钱锺书已经订婚；又告诉钱锺书，杨绛已有男朋友。他口中的"男朋友"，想必说的就是费孝通。

如果一定要为爱情写下一个注脚，那就应该是"以爱为名，不顾一切地为爱狂奔"。爱情的期限，应该是地老天荒、厮守一生。杨绛和钱锺书做到了，面对孙令衔的谎言，他们谁都没有轻言放弃，反而不顾一切地想要从彼此的口中听到真正的答案。

一个春风旖旎的夜晚，柔和的月光斑驳着清华大学校园里古月堂门前的树影。杨绛收到了一封钱锺书写来的信，信中约她在这里见面。杨绛如约出现，敦厚的钱锺书见到杨绛，没有任何寒暄，没有一句花言巧语，第一句话便直接说出"我没有订婚"。

杨绛的脸上浮现出一丝甜蜜的笑，她从未有过这样的感觉，是的，这就是爱情。作为回应，她告诉钱锺书："我也没有男朋友。"两句如此质朴的开场白，宣告了一段最美好的爱情的开始。他们用六十年的时间携手相伴，将最浪漫的事酝酿在平淡的生活当中。

爱人的出现，惊艳了彼此的天空。世间最难的事情就是两情相悦、相守一生，唯有如此，才能称为完整的人生。最爱的人在身边陪伴，一同把生活演绎成自己想要的样子，一粥一饭、一茶一汤，平淡地牵手走过流年，将懂得与怜惜作为送给彼此的礼物。任何孤单都会在这样的爱情里化作温婉，这样的爱情一旦拥有，任何财富都不会交换。

杨绛第一时间把自己有男朋友的事情告诉了费孝通，她最不赞成暧昧，希望讲明白，让费孝通对自己死心。然而费孝通似乎并不甘心，专程来到清华找杨绛谈话，认为自己与她认识的时间最久，最有资格做她的男朋友。

然而杨绛却明白地告诉费孝通，做朋友可以，但只能做到朋友为止，不会有任何进一步的发展。费孝通终于死心，虽然失望，却也无可奈何，依然与杨绛保持着友谊。

暧昧是爱情中最大的"杀手"，打着爱情的旗号，伤害每一个心中有爱的人。爱情面前，暧昧也是一种诱惑，可以轻易打碎爱情之中的信任与安全感，让人在暧昧营造的假象里渐渐迷失。

既然认定只做朋友，杨绛一坚持就是一生。在钱锺书去世之后，费孝通时常登门看望杨绛，杨绛也依然礼貌地说："楼梯难走，你就不要'知难而上'了。"有时候，只接受费孝通的探望，杨绛也会觉得自己有失礼貌。作为礼尚往来，杨绛也会登门探望费孝通，但最多不会超过二十分钟，简单问候几句，便转身告辞。

多少女子都向往着一见钟情的爱情，幻想在某个阳光正好的下午，对方穿了自己最喜欢的衣服，出现在面前。这样的爱情的确浪漫，却未必牢固。

杨绛从不向往一见钟情，她也坚信自己对钱锺书的情感算不上一见钟情。因为在见面之前，她就无数次听说过这位清华才子的大名，好感其实早已埋下了伏笔，直到见面的那一刻，在彼此眼神的火花中绽放。

说到才子，总能让人联想到"翩翩"一词。可杨绛第一眼见到的钱锺书，不过穿着一件青布大褂，脚下一双布鞋，一副大大的老式眼镜让人丝毫联想不到"新潮"，与"翩翩"一词似乎没有任何关系。

可他瘦瘦的书生模样，在杨绛眼中是"蔚然而深秀"的，这才是真正的爱情，无关容貌，无关任何附加条件，有关的只是眉眼之间的一份情愫。

其实，钱锺书说不出自己为什么会一眼就爱上杨绛，即便是面对女儿钱瑗的"逼问"，他也只能说出"我觉得你妈妈与众不同"而已。究竟哪里"与众不同"，他不肯说，似乎也说不出太多。

的确，真爱的人站在面前，就是一个与众不同的存在，因为她不会是你爱情路上的匆匆过客，只要出现就会永远扎根在你心里。再浪漫的爱情也会在岁月的催化作用下发生变化，演变成一种更加平淡的亲情，到那时，如胶似漆的激情终将退潮，取而代之的是细水长流的幸福。

初见时最美好的记忆，都被钱锺书记录在了一首诗中：

颉眼容光忆见初，蔷薇新瓣浸醍醐。

不知腼洗儿时面，曾取红花和雪无？

杨绛在初见时的容貌和神态，如同水彩画一般呈现在面前。她有着江南女子独有的好面色，白皙的脸上透着粉嫩。好友周芬也曾当着钱锺书的面开玩笑说杨绛看起来"娇滴滴"的，钱锺书听了却不高兴，急忙反驳："哪里娇滴滴？"

杨绛从不娇气，在钱锺书心目中，她是"最贤的妻，最才的女"，文字是两个人一生共同的爱好，在相恋的最初，两个青春年华的才子才女，同样用文字搭建起了一座浪漫的鹊桥。

鸿雁传书，文字传情，两人谈恋爱的方式是互通书信，信写得很勤，每天一封，如今想来，是多么浪漫的举动。

为了锻炼英语，信全部用英文写，两人的信中没有肉麻的言语，不过是彼此介绍一些喜欢的书，或表达一些自己的志向。

钱锺书曾在信中写道："自己志气不大，只想贡献一生，做做学问"。这样的志向虽然简单，却也伟大，杨绛觉得两人的志向不谋而合，更加认定自己找对了人。

爱情就是一种相互间的默契，爱人会占据你的每一寸思想，也会闯入你的每一刻心绪。如果你无论做任何事情都能想到一个人，那么你一定是爱上了对方。

杨绛对此深有感触。相恋之初，两个人不好意思去狭窄的林荫小道散步，于是去天文台一类的地方，后来听说那里电死了人,不再敢去,才终于将散步的地点换成了荷塘边的小路。

短短一个学期的相处,钱锺书就已经完全走进了杨绛的生命里。学期结束,钱锺书提前回家,杨绛独自留在学校准备考入清华研究院的考试。她想继续读书,也是为了与钱锺书在同一个学校多待一年。自从钱锺书放假回家,她的心里仿佛就空了好大一块,时不时地又被思念填满。

以爱之名,感受着心灵的碰撞。原来全身心投入爱情的怀抱,会忘记全世界,甚至忘记自己。为了爱情不顾一切地狂奔,永远不是一件错误的事情。每个人都有爱与被爱的权利,爱情也许不会轰轰烈烈,但至少它曾来过,才不算虚度了一生。

生命充满变数，但恰好遇见你

有时候，爱情在岁月的冲刷之下，会失去原有的温柔色彩。原来爱情最重要的意义不是持续了多久，而是是否能够牵手走到人生的尽头。爱得早，不如爱情出现得刚刚好，出现在最好的年华，出现在最正确的时间，出现在最对的那个人面前。

有些所谓的爱情，不过如同流星般划过我们的生命，来得那样猝不及防，走得又那样无声无息，匆忙得连一道痕迹都不曾留下，对着它远去的身影，还没有来得及从这份爱情中抽离的人也不免诧异，爱情是否真的曾经来过？

有人说，决定爱情寿命的是缘分，却忘了爱情出现的时机才是决定爱情是否能存活下去的必然因素。生命中有太多的变数，一不留神就会打乱你刚刚精心布置好的棋局。

有的人在爱情中左右摇摆，游移不定，连自己都不敢坦然相信，似乎爱情存活着也注定是一个悲剧。如果你在最好的年华遇到了刚好出现的爱情，那么不妨伸开双臂相拥，给自己一些坚定。

杨绛做到了对爱情的坚持，像她这样容貌姣好的女孩子，大多渴望着能够遇到一个骑着白马的王子，然而钱锺书的形象与气质，似乎与王子两个字毫不沾边。可杨绛就是认准了他的平和与安定，那是一个女子穷尽一生都想要握在手中的幸福。

有些知道杨绛和钱锺书谈恋爱的好友，会极力在杨绛面前列举出钱锺书不好的方面，有人说他长相不好，有人说他妄自尊大，有人说他木讷无趣，然而别人议论得再多，钱锺书依然是杨绛心中的那个翩翩君子。

不了解钱锺书的人，就没有评价他的资格，即便是评价，那些语言也不能作数。抱定了这个信念，杨绛固执地与钱锺书在爱情的道路上牵手同行，他们走得不疾不徐，一步一个脚印地走着漫长的人生之旅。

在千万人中邂逅了自己的爱人，不得不说这是难得的缘分。因此，有些不切实际的评价，杨绛选择了不听不问。她甚至没有对太多人说起自己与钱锺书谈恋爱的事情，爱情实在是太美好的东西，美好得只需要参与其中的人好好珍藏即可。参与的人多了，会让原本纯粹美好的爱情变了质。

就连从小与杨绛一同长大的好友孙燕华，也不知道杨绛和钱锺书谈恋爱的事情。孙燕华的表妹叶崇范又差点与钱锺书订婚。因为钱锺书拒绝了这门婚事，叶家人对钱锺书也颇有微词，受亲戚的影响，孙燕华在杨绛面前也说了许多钱锺书的坏话。

杨绛依然不气不恼，平静地听着好友对钱锺书的一切评论。她只当是与自己无关的一些闲话，既不会对好友动怒，更不会动摇与钱锺书在一起的决心。

坚持是爱情中最宝贵的精神，爱情中只有两个主角，其他参演其中的不过是路人。有时候，就因为一点点的不坚定，与真爱擦肩而过，一转身，就是一辈子。

杨绛在孙燕华那里看到过叶崇范的结婚照，照片中的她有着灿烂的微笑，露着一口整齐的牙齿，七个美丽的伴娘丝毫没有掩盖住她身上的光芒。杨绛没有嫉妒，更没有自卑，对她和钱锺书而言，叶崇范根本就不曾出现在这段爱情当中，她是一个美丽的女子，更是一个无关紧要的他人。

不过，面对钱锺书的求婚，杨绛依然没有马上答应。并不是因为听了别人对钱锺书的评价，让杨绛产生了动摇，而是因为她的心中还有更高的追求，她要考清华研究院，不能让结婚耽误了自己对梦想的追求。

有人觉得爱情高过一切，甚至高过自己的生命。杨绛却觉得再美好的爱情也不能让她迷失自我。容貌是天生，志气才是后天养成，不做爱情的依附者，才能在爱情中行走出永恒的优雅姿态。

钱锺书以为杨绛不愿同自己结婚，伤心之下竟然写了许多心酸的诗,又给杨绛写信,诚恳的言辞打动了杨绛,同意带他回家见老圃先生。

除了杨绛,年龄稍大一些的几个姐妹都已经结婚。她们的丈夫都曾在国外留学,回国之后不是大学教授,就是政府干部。相比之下,还没有从大学毕业的钱锺书似乎逊色了一些,老圃先生只能夸赞一句"人是高明的",除此之外,只剩下对杨绛未来的隐隐担心。

父亲的疑虑却丝毫没有改变杨绛的主意,金钱与地位都不是衡量爱情的标准,这些附加条件的存在,只能玷污爱情最纯净的本质。

她始终坚信,认识钱锺书,是自己一生当中最好的一次相遇。从他看自己的眼神中,她可以清晰地读出什么叫作幸福。他们之间没有华丽的开场白,没有惊艳众人的故事,有的只是简单的书信,以及一颦一笑用眼神之间的交流。

在钱锺书的辅导下,杨绛的功课大有长进,果然如愿考上了清华研究院。夙愿达成,似乎再也没有拒绝钱锺书的借口,为了娶到杨绛,钱锺书也花费了不少心思。他特意避开杨绛,直接去向老圃先生请求。他看出老圃先生并不讨厌自己,老圃先生以为是女儿同意了的,竟然也欣然应允。

两个有着先进思想的大学生,竟然也遵循了一次"父母之命"的传统规矩,然而在真爱面前,所谓的规矩与形式,不过是加深感情的桥梁而已。

能让钱锺书如此花费心思，足见杨绛自身是个值得让人花心思的女人。淡然、理性、优雅、自立，这些都是爱情之外的砝码，可是附加在一个女人身上，却可以让她在爱情中的分量变得更重。

一场简单的订婚仪式，让杨绛的身份从杨家的四小姐，变成了钱锺书的未婚妻。杨绛第一次知道，原来自己在未来的公公眼中，也有着十足的分量。钱锺书的父亲钱基博是位饱学的老派人士，人们都称他为"钱老夫子"。

这位老夫子在未经儿子同意的情况下，私自拆开了杨绛写给钱锺书的信，觉得杨绛的字字句句都十分满足他对儿媳的定义，尤其是那句"现在吾两人快活无用，须两家父母兄弟皆大欢喜，吾两人之快乐乃彻始彻终不受障碍"。

老夫子认为这是只有聪明人才说得出来的话，一下子就认定了杨绛是自己的儿媳，甚至私自给杨绛回信，把钱锺书郑重地托付给杨绛。

在最好的年华里遇到最对的人，仿佛是用一场相遇拯救了彼此的灵魂。都说百年修得同船渡，千年修得共枕眠。也许今生的缘是前世修成，但是在茫茫人海中，没有早一步，也没有晚一步，刚好在最好的年华邂逅，实在是太美的一段际遇。

杨绛曾说："五六十年代的青年，或许不知'订婚'为何事。他们'谈恋爱'或'搞对象'到双方同心同意，就是'肯定了'。我们那时候，结婚之前还多一道'订婚'礼。"

虽然两人的订婚仪式已经尽可能地简化，可杨绛依然觉得这样郑重其事地去遵守一个所谓的"规矩"，实在可笑得很。明明双方家人都知道两个人的事情，也都认可，可是还要装作互不相识的样子，在媒人的牵线下走到一起。

尽管心里觉得可笑，杨绛还是懂事地在脸上挂着得体的笑容。她希望长辈开心，也不愿意因为自己的小情绪让心爱的人为难。既然做好了终生相伴的打算，哪怕是化作尘埃，也要让他的眉头不因难过而纠结在一起。

回忆起那场看似简单实则隆重的订婚礼，杨绛说道："我茫然全不记得'订'是怎么'订'的，只知道从此我是默存的'未婚妻'了。"她能记得的，只是两个人郑重地许下了彼此的承诺，没有牵手，更没有轻吻上对方的脸颊，只有四目默默地相视，在心头默默许愿，要做对方此生的守护者，一同陪伴着，走过如水的流年。

真正的爱不需要挂在嘴上，而是时刻记在心里，哪怕一个动作、一个眼神，都能让对方知道，你愿意和他相伴一世一生。

订婚仪式给杨绛留下了微妙的记忆，她记不得那天的细节，却永远都不会忘记钱锺书在那一天深情的眼神。在杨绛的印象中，憨厚的钱锺书甚至有些木讷，可就在那一天，他的眼神中似乎时刻都在无声地传递着一种根深蒂固的情。

一场订婚仪式过后，杨绛与钱锺书迎来的不是长久的厮守，而是迫不得已的再次分离。钱锺书已经在上海任教，杨绛则要到清华研究院去继续读书。那些来不及倾诉的温情话语只能默默存放在心底，留待日后重逢，化作口中最美丽的情诗。

伟大的爱情不会败给时间，更不会败给距离。把彼此放在心中默默惦念，走过四季的繁华，把思念当作心底刻下的爱的箴言。

分别在即，钱锺书不能陪着杨绛一同去北京，只能送她到火车站，再体贴地帮她把行李搬上火车。一扇车窗阻隔了那些想说却又无法言说的情话，四目相对许久，能够说出的只能是一句"珍重"。

杨绛带去北京的行李十分简单，同行的钱穆先生不由得称赞杨绛是个有决断的人。他所谓的"有决断"，其实并不仅仅是杨绛的行李简单而已，更是觉得她懂得选择，懂得把自己的一生托付给一个稳妥的人。

杨绛的"有决断"，源自她的理性。那些虚无缥缈的抽象幻想，通通不在她的脑海里。因为不懂得如何决断，多少女人白白地浪费了最美好的年华，以为一个莫名的心动，就是让自己全情投入的理由。

冲动无法支撑起一辈子的爱情，支撑着彼此相互扶持的，是相守一生的诚意。其实，杨绛并不觉得自己是个有决断的女人，只是经历了一些事情，也会从中摸索着成长。想到自己第一次去北平上学时，大小的行李箱也带了许多，她不由得有些惭愧。

再次回到清华,杨绛的身份已经有了巨大的变化。从一个大学旁听生,变成了正式研究生,也从一个单身的少女,变成了钱锺书的未婚妻。

成为研究生最大的好处,就是不用再和许多人同住一间宿舍,每个研究生都有一间单独的宿舍。不知为何,在一种浪漫的情绪唆使下,杨绛挑了一间能够远眺山峦和村野的房间。她甚至还在幻想着可以在日暮时分凭窗欣赏村野日落,看着绿绿的山林被落日的余晖掩映出别样的色彩。

还没有来得及欣赏美景,现实的残酷就打碎了杨绛美好的幻想。一进入冬天,呼啸的北风席卷着扑面而来的尘土,看似封锁严密的玻璃窗也阻挡不住风沙的侵袭。这些尘土从窗户的每一个缝隙钻进宿舍,覆盖了宿舍里的桌椅、地面和床铺。

杨绛一向爱干净,脏兮兮的床铺肯定是不能再睡了,可怕的风沙也吓得她跑进了同学的房间,两人共同挤在一个小床上睡觉。

寒冷的冬夜里,杨绛忍不住在心底将想念压抑了无数次,可是钱锺书的名字和容貌,依然反复出现在她的梦里。

爱情到底是什么?是"衣带渐宽终不悔,为伊消得人憔悴"还是"两情若是久长时,又岂在朝朝暮暮"?杨绛更愿意相信后者,爱他并不一定要守在身边,而是在心里幸福着彼此的幸福。

爱情真的讲究"刚刚好",就如同干旱的小苗迎来一场滋润的春雨,只需一眼,就能醉了你的心。

纪伯伦曾说:"彼此恋爱,却不做爱的系链。"平淡的爱情,可以在简单中寻找到幸福。每个人都期待自己可以遇到对的人,想要爱得轰轰烈烈,爱得刻骨铭心,却忘了爱情原本应该是平淡而纯洁,舍弃了那些不切实际的妄想,也就彻底与悲伤挥手作别。

真爱不分早晚,每一个爱情盛放的时节,都是最好的年华,哪怕只是微笑着不说话,站在面前的那个人,也会懂你的心思。

在细枝末节里融化幸福

中国人似乎从来不会像西方人一样直接地表达爱意,甚至对自己最爱的人,"我爱你"三个字也不会轻易地挂在嘴边。然而中国人的幸福感却并不比西方人逊色,因为我们更喜欢把幸福融化在生活的细枝末节里。

这种幸福可能源于有人关切地问你"衣服够不够暖",也可能源自某个睡不着的深夜,一个始终珍藏在心底的名字或身影,会毫无缘由地充斥在脑海里。幸福甚至源自一份惦念,你会惦念那个不在身旁的人在做什么,有没有像自己一样,一颗心被想念占据。

一个会心的微笑,一句感恩的话语,一句暖心的问候,生活中的细枝末节凝结成了幸福的点滴,对于深陷爱情中的两个人来说,幸福是心甘情愿地付出,而不是一味地索取。

分隔两地的那段时间里，杨绛和钱锺书能够无条件奉献给彼此的，除了思念，就是时间与等待。几乎大部分的空闲时间都被双方用来思念彼此，再用仅剩下的一点时间，用一封封浓情蜜意的信件去传递自己的思念。

自从与杨绛相识，钱锺书便开始为她写下一首又一首的情诗，有时候看着这些深情的诗句，杨绛也会忍不住附和。钱锺书细心地把两人相识一年以来的所做的情诗都收录在一起，自费出版了一本薄薄的诗集，不仅送给杨绛，也送给自己的亲朋好友，让他们一同分享两个人恋爱中的甜蜜。

这简直是世界上最浪漫的告白，所谓幸福，也可以是有人把你当作珍宝一般捧在手心里，尽管从不说"爱"，可送给你的，永远是数不尽的真诚。

总是有人想要在爱情中追求完美，总是想从对方的身上得到更多，忘记了有一种幸福叫作付出，于是，爱情中最不完美的那个因子，恰恰就是你自己。

既然书信是唯一能够表达情感的工具，钱锺书就每天给杨绛写一封信，两人之间的话题永远说不完，钱锺书偶尔也会利用千变万化的落款，表达一下自己的小小情趣。因为信件每天一封，钱锺书就把信戏称为"奏章"，还写在封面上。于是，杨绛每天都能接到门房送来的"奏章"，就连门房都喜欢上了这位风趣幽默的钱少爷。

从前，钱锺书最大的爱好是读书，只要有空闲时间，一定用来读书，哪里都不去。如今，杨绛在他心目中的地位远远超过了书本，只要有时间，他一定想方设法去往北平，哪怕是陪杨绛待上几天也好。

于是，趁着1934年的春假，钱锺书专程从上海赶到北平，陪伴杨绛。他不喜欢四处游玩，而杨绛却是一个喜欢亲近大自然的人。钱锺书终于破了一次例，陪着杨绛在京郊附近春游。

北京的名胜古迹早已被杨绛游览个遍，这一次，她专门把钱锺书带到郊外踏青。在钱锺书有限的几次出游里，全部都是跟随学校集体出行，他从来没有在郊游中体会到什么乐趣，如今才发现，原来是因为之前一同出游的都不是对的人。

有了杨绛的陪伴，身旁的景色似乎都变得唯美了不少。钱锺书开始用自己的眼睛去欣赏美，甚至去发掘美。他尤其喜欢玉泉山和玉渊潭，也许是一山一泉常年默默相伴，像极了一对将爱意隐藏在心里的爱侣。那一汪深沉的泉水，像极了爱侣之间不轻易言说的深情。

在路人眼中，钱锺书与杨绛也仿佛是相伴多年的玉泉山和玉渊潭一样令人羡慕。许多从他们身旁路过的人，都忍不住频频回头注目，眼神中饱含着对这对亲密爱侣的羡慕，常常是人走远了，目光还恋恋不舍地落在他们的身上。

无需华盖骏马，无需锦衣玉食，只是在山水间亲密地游走，就已经宛若一对幸福的神仙眷侣。比起那些家财万贯，却买不到一丝真情的人，钱锺书和杨绛实在是太幸福。就像钱锺书在为这一次郊游创作的诗句一样:"干卿底事一池水,送我深情百尺潭。"

懂得珍惜眼前拥有的一切,也就有了与幸福深情相拥的理由。时光匆匆,我们在得到一些东西的同时,总是会被命运无情地拿走一些什么。得到了成长,失去的是青春;得到了成功,失去的是平凡的快乐。

有时候,看着自己手中拥有的东西,却有些茫然,不知道用失去的那些东西作为代价,换来的这些究竟值不值得。也许世界上注定没有等价交换,只看哪些东西对你来说更重要一些。

又也许,重要与不重要,不是一个永恒的定义。就像幸福一样,哪怕拥有得再多也不能去恣意挥霍。这是一种细水长流的投资,如果能够收放得当,点滴的幸福可以演变成更大的幸福。

对于钱锺书来说,陪伴杨绛的确重要,可是考虑到未来的日子,当下更重要的是拿到公费出国留学的名额。于是,两人只能暂时忍受分别之苦。快乐的郊游过后,不得不再次面对"劳燕分飞"的局面。

钱锺书返回上海之后,留下杨绛一个人在清华生活、学习。她把强烈的思念压抑在心底,尽量和所有人一样维持着生活原有的样子。因为她知道,不停地让思绪在思念中挣扎,就如同陷入痛苦的泥潭,能够挽救自己的,也只有自己。不如将这份思念化作奋斗的动力,只要心里惦念着彼此,总有一天会再也不用分离。

　　杨绛最喜欢上朱自清先生教的散文课。朱自清先生每次上课都会为学生们布置作业，再挑一些他觉得写得好的文章朗读给同学们听。他十分欣赏杨绛的文笔，一次当着全班同学的面建议她把文章拿去报社投稿。

　　朱自清的鼓励让杨绛对自己的文笔产生了信心，她把自己创作的散文《收脚印》投到了《大公报》，果然不久之后就刊登在了《大公报·文艺副刊》上。那一排排整齐的铅字，正是出自杨绛的文笔：

　　　　听说人死了，魂灵儿得把生前的脚印，都给收回去。为了这句话，不知流过多少冷汗。半夜梦醒，想到有鬼在窗外徘徊，汗毛都站起来。其实有什么可怕呢？怕一个孤独的幽魂？

　　　　……

　　　　于是，乘着晚风，悠悠荡荡在横的、直的、曲折的道路上，徘徊着，从错杂的脚印中，辨认着自己的遗迹。

　　　　这小径，曾和谁谈笑着并肩来往过？草还是一样的软，树荫还是幽深地遮盖着，也许树根小砖下，还压着往日襟边的残花。轻笑低语，难道还在草里回绕着么？

　　　　……

　　　　层层叠叠的脚印，刻画着多少不同的心情。可是捉不住的以往，比星、比月亮都远，只能在水底见到些儿模糊的倒影，好像是很近很近的，可是又这样远啊！……

从死后魂灵收脚印的举动，杨绛联想到了生活当中幸福的点滴。如果将一个人生前的脚印统统收回，那是不是就抹掉了这个人在世界上生活过的一切痕迹？是不是一旦死了，从前的快乐与不快乐就会通通忘却？那么为什么不趁着生命依然鲜活的时间里，好好珍惜生命中拥有的一切？

无论是爱情还是亲情，都值得珍惜。《大公报》给了杨绛五元钱作为稿费，与这五元钱相比，似乎"当作家"这件事情本身更值得杨绛开心。

她是个孝顺的女儿，要把自己有生以来赚到的第一笔稿费全部奉献给家里。于是，她拿出四元钱买了两斤绛红色的毛线，亲手为母亲编织了一条温暖的围巾。母亲的肤色和杨绛一样白皙，在编织围巾的时候，杨绛仿佛已经可以想象到这不张扬却又极富生命色彩的绛红色，会把母亲衬托得如何美丽。

剩下的一元钱全部被杨绛用来买了天津起士林的咖啡糖，连同编织好的围巾一同寄给了母亲。杨绛不知道自己死后这一段珍贵的记忆是否也会被魂灵收走，至少在活着的这一刻，她感受到了为家人做些事情带来的幸福感。

亲情、爱情、友情，都是人世间无形却又最珍贵的财富，一旦失去，就再也没有弥补的机会。于是，用最大的努力去守护这些无形的财富，才能找到通往幸福的捷径。

一向最在意亲情的杨绛，每次放假必定在第一时间回到家里。哪怕与父亲相对而坐，促膝谈心，也比一个人在外面飘零的感觉好上千倍万倍。每次听着父亲在耳边讲述着家里日常发生的和工作中的故事，杨绛仿佛感觉自己不在家的那段时光，被父亲用语言中的温情弥补了，嘴角也就不知不觉盈满了笑意。

可是在1934年的那个暑假，与父亲聊天时，杨绛却无论如何也笑不出来。那一次，父亲仿佛在讲述一个与自己无关的故事，告诉杨绛自己在工作时闹出了一个"笑话"。那天正在庭审，身为律师的他却忽然说不出话来。不是他无言以对，而是无论如何努力，脑子和嘴巴都不听使唤了。等了许久，父亲也没有恢复正常，庭审的日期只好因为他的病情延期。

父亲当作笑话讲给女儿听，杨绛却一下子听出父亲是患了中风。父亲的工作性质决定了他的大脑每天都在飞速运转当中，也许是疲惫过度，他的血压一直居高不下，说不出话还是小事，如果哪天突发脑出血，那样生命都很可能出危险。

眼泪不受控制地涌出眼眶，因为怕父亲看见，杨绛只能用双手捂住脸颊，不敢再说一句话，生怕哽咽的语调出卖了自己的情绪。

为了让父亲安心养病，杨绛主动做起了父亲的助手。正在审理的一桩案子，由父亲口述给杨绛，杨绛则负责整理成文字。她写得条理分明，只需简单修改几个字，就可以交给书记去誊写。这是杨绛第一次做父亲的助手，也是最后一次。

自从父亲生病之后，律师事务所就不得不停办，少了父亲的收入，家里的经济状况也受了不小的影响。好在杨绛因为优异的学习成绩获得了奖学金，除去学费，每个月还能剩下二十元生活费。直到出国之前，杨绛一直都享受着奖学金的待遇，再也不用家里为她花一分钱，也为父亲减轻了不小的负担。

可是爱女心切的父亲还是在杨绛每次离家之前硬塞给她一百元钱，让她身边多留一些钱，以备不时之需。懂事的杨绛从不乱用这些钱，听到父亲再次生病，马上把这一百元原封不动地寄回家。

姐姐们也和杨绛一样时刻惦记着家里，收到女儿们寄来的钱，父亲十分欣慰，似乎连病情也好了许多。

原来所谓幸福，也可以是拥有一颗感恩的心。杨绛深知父母养育的恩情，这一点点力所能及的回报，哪怕微不足道，也足以让上天感受到生命中的感动。

杨绛从不觉得其他人比自己多了一些什么，反而觉得自己实在是得到得太多。她感谢生命让自己一直沉浸在幸福的温泉当中，父母给了自己关爱，老师给了自己教导，爱人则给了自己浪漫与温情。

好友赵萝蕤曾经问过杨绛："一个女的被一个男的爱，够吗？"当时的赵萝蕤同时被许多男生追求，她也在不同男生的优点之间摇摆不定。可是杨绛坚信，真正的爱情只有一次，一个人一生中也只会对一个人付出真情。

贪婪的人注定不会得到幸福，因为他们永远都不会记得，被自己握在手中的一切是多么珍贵。

其实幸福无处不在，哪怕是照射进生命的一缕阳光，或是感动你的一程山水。世间的一切都蕴含着丰富的情感，无论是白云蓝天，还是空气和水，都是生命中最美好的恩赐，就像温暖的亲情和浪漫的爱情一样，成为生命中最美好的点缀。

如果幸福也有生命，它一定会在懂得的人心里生根发芽，在他的精心培育之下一天天地生长，收获翻倍的幸福。如果你仔细倾听，也许会在静好的岁月里，听到幸福拔节的声响。

结不结婚，旅行一次就知道

当你不知道出现在生命中的那个人是否是对的人，那么就和那个人一起出去旅行吧。从他处理问题的方式去了解他的待人接物，从他照顾你的方式了解他是否有足够的耐心，从他对沿途一切的喜好了解他是否真的对你的胃口，从他花钱的习惯中了解他的消费观念……

钱锺书曾经在《围城》中写道："结婚以后的旅行是次序颠倒的，应该先旅行一个月，一个月舟车仆仆以后，双方还没有彼此看破，彼此厌恶，还要维持原来的婚约，这种夫妇保证不会离婚。"

长途旅行的确是一件最麻烦的事情，一个人可以在生活中为自己披上看似完美的外衣，可在旅行当中总有某一个时刻会让自己原形毕露，因此，长途旅行可以轻易撕掉任何一个人的伪装，检验出一个人真正的品性。

就像《围城》中写的那样，钱锺书和杨绛的旅行就是颠倒着进行的。他们先是经历了一场盛大而又酷热难耐的婚礼，一个月之后才登上了前往英国的邮轮。

一段真正的长途旅行，往往从收拾行李开始。从一个人带的行李，最能分辨出他的真实个性。内心"没有决断"的人，会大包小包地带上一大堆不切实际的物品，而内心"有决断"的人，却可以轻装简行，只在简单的背包里装必需品。

而这所谓的"必需品"，又把人在无形当中区分成很多种，"必需品"一定是一个人最看重的东西，从这些东西也可以看出一个人的品性。爱美的人，"必需品"中一定少不了各式各样的化妆品和美丽的衣服；注重内在修养的人，"必需品"中一定少不了被他当作精神食粮的书籍。

杨绛和钱锺书的出国"必需品"大部分都是书籍。整理行李时，钱锺书把一摞又一摞的中文书放到桌子上，杨绛再把这些书一一整理到行李箱里。这些书里有《论语》《孟子》《左传》，还有《随园诗话》和《养一斋诗话》等，在牛津时，这些古老的文字陪伴着两个身处异国他乡的人度过了一个又一个不眠之夜。

他们带到国外的还有一些文集和诗词集，也有一些日常需要的工具书和钱锺书最爱的外文书籍。与这大量的图书相比，其他行李只占据了微不足道的分量，都说"腹有诗书气自华"，杨绛和钱锺书又何止是"腹有诗书"，只要有他们两人在的地方，不出三步之外，就能找到书的存在。

如果不是同样对书如此热爱，才子和才女也许不会将彼此的生命联系在一起。在一同远行之前，杨绛和钱锺书要举行一场盛大的婚礼，这不仅是向世人宣告他们从此成为真正的夫妻，也是在告诉彼此，从此无论走到哪里，都是两个人共同的旅行。

每个女人都有一个身披白纱的梦，那是一生中最美丽的时刻，也只有这一刻，才与浪漫和幸福毫无距离。

杨绛并没有过多地幻想过自己的婚礼场景，不过，在苏州最炎热的7月举行婚礼，无论多么浪漫的现场，也都会被汗水浸湿成一片狼狈。那一天，杨绛身披浪漫的白纱，钱锺书则穿着黑色的礼服。黑色礼服的里面，是一个白色的衬衫领子，原本硬挺的白领子却被汗水浸得又黄又软，狼狈的新郎和新娘呈现在照片里的样子，仿佛是警察刚刚抓住的"扒手"。

也许是上天想用如此特别的场景，让两人一生都不会忘记这一刻许下的承诺。任何言语都不代表真正的天荒地老，只有在心底牵系着彼此，才无愧于命运让两个人在茫茫人海中相遇，缘定今生。

爱人的名字，就是一句幽香的诗句，每一个字都缠绕着无限的情思，对方的欢乐，就是自己这一生要圆满的主题。

婚礼过后不足一个月，杨绛与钱锺书就要携手踏上人生的另一段旅程。有人说："钱锺书、杨绛伉俪，可说是当代文学中的一双名剑。钱锺书如英气流动之雄剑，常常出匣自鸣，语惊天下；杨绛则如青光含藏之雌剑，大智若愚，不显刀刃。"

他们是被所有人看好的才子与才女，并且相信婚姻的围城不会把他们的幸福阻挡在城外。虽然不算青梅竹马，但杨绛和钱锺书也算得上两小无猜，他们的头脑里没有市侩与算计，有的只是缭绕的书香和对幸福的向往。

这是他们人生中的第一次共同旅行，生活中的全部细节即将在对方面前展露无遗，通过一次旅行，可以了解到对方的宽容度，又可以考察彼此是否真正信任。两个人都蜕去一身的伪装，将真正的自己袒露在对方的面前，如果这样依然可以在漫长的旅途中彼此依赖，那么这样的婚姻才不是一座埋葬爱情的坟墓。

杨绛还来不及幻想这一次旅程是否美妙，她的一颗心全都牵系在临走之前无法见面的家人身上。她来不及对深爱自己的父母说一声道别，更不知道如此一别，与心爱的母亲从此就是天人两隔。她只是感到莫名的伤感，眼泪不由分说滑落脸庞，一股想要跳下火车的冲动被她费力地按捺在了胸腔。

临行之前，母亲专门托人给杨绛带来了两篓蜜桃，一向不贪吃的杨绛专门给自己留了两个，才把剩下的分给众人。这是母亲专门给她的蜜桃，闻着蜜桃散发出来的清香，仿佛是蜷在母亲怀抱里时才能闻到的气息。

去英国的轮船要从上海乘坐，杨绛和钱锺书从无锡乘火车到上海逗留了几天，才等到邮轮靠岸的日子。1925年的8月，如火的炎夏在上海留下的不只是炙烤一般的温度,更有一双即将远行的游子对家乡的深深眷恋之情。

登上邮轮的那一刻,再多的亲朋好友簇拥,也抵不过父母的一个拥抱,杨绛总觉得不能亲口与父母说一声"再见",心里总像缺少了一些什么,生生地空缺了一块。

轮船顶上传来的汽笛声,宣告着离别的时刻终于到来。轮船缓慢地驶离了岸边,朝着轮船的方向挥手的亲人们,也最终变成了一个模糊不清的黑点。从此以后,身旁的这个人将成为生命中的全部依靠。

杨绛曾经写道:"一九三五年七月,锺书不足二十五岁,我二十四岁略欠几天,我们结了婚同到英国牛津求学。我们离家远出,不复在父母庇荫之下,都有点战战兢兢;但有两人做伴,可相依为命。"

好在身旁有一个人陪伴,哪怕思念如雨,相思成殇,身旁的这个人至少可以让漫无边际的孤寂缓缓消融,用温情在生命中装点出一片浓浓的馥郁芬芳。

这的确是一次漫长的旅程,苍茫的大海成了眼前朝夕不变的景致。无论日出日落,都只能相互依靠着站在船舷上欣赏,谁也不知道陌生的英国何时才能出现在海平线的另一段,日复一日地重复生活,甚至让人忘记了此时是何年何月。

朝夕相伴可以消磨掉新婚燕尔的新鲜感,却也可以让两个人在不断深入的相处中更了解彼此。书籍是他们共同的爱好,即使对坐无语,各自捧着一本书安静地阅读,与枯燥与孤寂的距离仿佛就拉远了一些。

枯燥的生活是对爱情最大的考验,杨绛和钱锺书却默默地将枯燥的生活演变成细腻的温情。一艘巨大的邮轮承载着他们对未知生活的美丽憧憬,海上的风光终日不变,似乎像极了婚姻生活中的平淡。偶尔邮轮会在某一个国度停靠上一段时间,两人就趁着这个机会下船去走一走,这又像极了婚姻中偶会迸发出的新鲜感,不会时刻都有,却又是平淡生活中恰到好处的调剂。

按照中英庚款的规定,公费赴英国留学的学生不可以携带家眷,杨绛只好以自费生的身份出国,她对外的身份不是钱锺书的妻子,而是"杨小姐",因此也不能和钱锺书同住一间船舱。

长途海上航行,难免会遇上风浪,就像婚姻也不可能永远都如同一汪深潭般宁静。看透了旅行,似乎也就看透了婚姻,剩下的,就是看双方是否在一个完全陌生的环境里,让对方保管自己的一颗真心。

只要两个人始终同心协力,就能冲破婚姻中的风浪,度过婚姻中的平淡,也就经受住了围城中最大的考验。遥远的英国还是一个未知,身旁牵手相伴的人才是真实的存在,钱锺书又想起了叶公超先生对自己说的话:"默存,你不应该进清华,你应该去牛津。"

叶先生的话仿佛是一句预言,牛津也不再是那么遥不可及。

他不知不觉间握紧了杨绛的手,他们不只是一同经历一段旅程,而是要共同奔赴一段全新的人生。

这段全新的人生,依然避免不了会有风浪的出现。邮轮行驶到香港,便遭遇了一场不小的台风。人们都急急忙忙地赶到船舱里躲避风雨,可这两个浪漫的人却依然留在甲板上欣赏狂风掀起的海浪。

直到邮轮在风浪中再也无法保持平稳,几乎站不住的两个人才恋恋不舍地冒着暴风雨跑回了船舱。这一番折腾让两个人都晕船了,一连两天呕吐不止,吃不下饭。等到邮轮驶进香港的港口,杨绛和钱锺书早已经饿得前胸贴后背了。

好不容易船靠了岸,他们马上走出船舱去透气,跑到岸边去买东西吃。他们身上的现金只有英国的先令,一时之间又找不到地方去兑换,香港人又不收英国货币,语言上又讲不通。好在杨绛的身上还有一元钱的银币,两个人已经很久没有吃过邮轮之外的食物了,这下终于能饱餐一顿,他们大快朵颐地吃起了烧麦和小笼包。

也许到了英国之后,这些食物再也没有机会吃到。两人特意多吃了一些,还喝了浓浓的茶水,这一元钱的银币刚好够支付这一餐的账单。

旅途中总是会遇到或大或小的风浪,如果同行的两个人彼此能够毫不抱怨,用最乐观的心态照顾着彼此,那么便要恭喜双方找对了人。

然而旅途中的风波不只是遭遇台风和忘记带钱这样的事情，再恩爱的两个人，也会因为一些微不足道的小事发生口角。

一个天气晴朗的日子，钱锺书和杨绛像平时一样，在船上的咖啡店里一边读书，一边消磨时光。两人时不时地也会探讨一些书中的内容，然而一个法语单词"bon"却让两人产生了分歧。

杨绛半开玩笑地说钱锺书的发音带有乡村的特色，钱锺书一时不服气，与杨绛辩论起来。你一言我一语地辩论了许久，言语越来越激烈，竟然演变成了一场小小的争吵，谁也不肯先低头。

邮轮上刚好有一位法国太太，不服输的杨绛找来她评判。听了两个人的发音，法国太太果然也认为钱锺书的发音有些问题，胜负已分，然而两个人却一下子陷入了沉默，不明白为了一个单词发音，为什么会争吵得如此激烈。

杨绛和钱锺书的性格都十分温和，可是倔脾气上来，又谁都不肯先服输。经过法国太太的一番调停，刚刚争吵时的愤怒已经烟消云散，可是如何打破当下尴尬的局面，却又谁都没有好的办法。

无奈，两人只好默默地坐了半天，谁也没有先开口。一直到了午饭的时间，杨绛有些饿了，却不好意思提出吃饭的要求。可是肚子不会撒谎，在一片安静中突兀地发出了咕咕的叫声。这声音一下子打破了尴尬的局面，钱锺书终于扬起了笑容，拉着杨绛走向餐厅，两个人一路有说有笑，仿佛从来没有发生过任何不愉快。

没有不吵架的夫妻，更没有一辈子和和美美的婚姻。就如同航海一定会遭遇风浪一样，婚姻中也一定会遇到磕磕绊绊。然而吵过了，风浪也就平息了，没有必要去纠结吵架的原因，更没有必要一定去分出胜负。在婚姻中，你也许赢了一场胜仗，却往往会输了一段爱情。

爱情中的磕绊永远都没有办法预知，更没有办法避免，只看双方是否愿意用积极的态度去化解矛盾，是否会用乐观的心态迎接矛盾之后的生活。如果对自己没有信心，那就带着自己的爱人去旅行吧，哪怕在旅行的中途就此分手，也好过在一个不适合自己的人身边浪费掉宝贵的一生。

第四章

原来无常才是人生的常态

　　微笑面对世界，积极面对人生。用这两句话来形容杨绛似乎无比贴切。无论遇到什么困难，她都不会选择逃避，总是用积极的态度主动向困难挑战，再获得一次次完美的胜利。幸福只在自己心里，杨绛心里的幸福，就是有书可读，有家人可以牵挂，有爱人在身旁陪伴。

活出自己的温度

有人说，幸福就是找一个温暖的人过一辈子，而那些能给予人温暖的人，大抵是因为他们都有一颗懂得感知幸福的心。

两个陌生的人从相识到相知，然后相恋，开始了一场如同拉锯战般漫长的爱情，直至走入婚姻，难免会疲倦，也许会失去激情，或者出现冷战与争吵，每到这时，人们会以为失去了一段浪漫的爱情，却不知得失之间总有定数，失去的是浪漫，得到的是在朝夕相处中培养出来的习惯与适应。

并不是每一个人都懂得从生活的点滴中去感知幸福，不过杨绛却是一个能用自己的温度温暖他人的人。

生活不会永远如意，尤其是当远离了故土，远离了亲人与朋友，孤寂的同时，也会感到失落与无助。也许身边的爱人会陪你共同经历人生的风雨，不过更多的时候，却依然要依靠自己的温度去抵御从生活的角落吹来的寒风。

杨绛生性乐观，无论遇到怎样的波折，总是能用积极的心态快乐地度过，然后默默慰藉着自己的灵魂，再给爱人以最宽厚的抚慰。

初到牛津，生活中"拙手笨脚"的钱锺书就与牛津结实的地面来了一次亲密接触。一次，他乘坐公共汽车出门，下车的时候还没有站稳，汽车就开动了。钱锺书一个踉跄，脸部着地，狠狠地"亲吻"了牛津的大地。

等他站起来，嘴上全是血，门牙也掉了大半颗。钱锺书只好这样走回了家，一进家门，吓了杨绛一大跳。一路上他用手绢捂着嘴，到家时，血浸染了整块手绢，轻轻抖开手绢，跌落的半颗门牙从里面滚了出来，把一向冷静的杨绛也吓得不知道怎么办才好。

当时他们租住在一户叫作"老金家"（Mr.King）的人家里，幸好一同住着的有学医的中国同学，他们建设杨绛带钱锺书去看牙医，拔掉摔断的牙齿，再重新镶上假牙。

钱锺书的确有些"拙手笨脚"，他不仅系不好鞋带，甚至穿鞋也分不清左右脚，用筷子时也像小孩子一样一把抓在手里，有时候看着他笨拙的样子，杨绛忍不住笑出声来。她从没有埋怨过钱锺书的"笨"，反而觉得他笨得可爱，更能从他身上发现其他的闪光点。

自从与钱锺书在一起，杨绛就似乎变成了"老妈子"，成了全职照顾钱锺书的人。在家时,杨绛也是娇生惯养的"四小姐",来到牛津之后,她一下子就适应了为人妻的身份和异国的生活。

不抱怨,做自己,时刻感知阳光的温暖,内心时刻充斥着幸福。这似乎是杨绛从生活中感悟出的真理,又仿佛是天生就刻录在她的骨子里。只要还活着,就可以努力让生活多一分美好,一味地抱怨,反而会时刻让情绪笼罩在阴霾里。

乐观是失意过后的坦然,苦中作乐,似乎更加甜蜜,更何况学会独立生活,只是人生中必须经历的一次转折,只要从容面对,便不会因为一点点的挫折而感到迷惘。

微笑面对世界,积极面对人生,用这两句话来形容杨绛似乎无比贴切。无论遇到什么困难,她都不会选择逃避,总是用积极的态度主动向困难挑战,再获得一次次完美的胜利。

老金家负责供应房客的一日三餐,起初的伙食还可以,可是到了后来越来越差,就连分量都不能管够。钱锺书本就吃不惯西方的浓汤和面包,如今甚至连吃饱都成了问题。杨绛的饭量不大,总能分出一些给钱锺书,可是钱锺书依然饿得面黄肌瘦。

长期这样下去不是办法,杨绛决定重新寻找一个能做饭的房子,她要真的学会"洗手作羹汤",亲自下厨,让钱锺书吃到家乡的味道。

她并没有对钱锺书说起自己的打算,而是默默地在报纸上寻找房屋出租的信息。她是一个敢想敢干的人,做事从不拖泥带水，说做就做。

杨绛独自去看了几间房子，不是地段太远，就是条件不如意。一次外出散步，忽然发现一户人家的窗户上贴着招租广告，这户人家的环境十分清幽，地段也好，离学校和图书馆都近。等到杨绛来看房子，招租广告已经揭下，她不死心，还是要敲开门，亲口问问房东。

房东是一位女士，杨绛叫她达蕾女士。听说杨绛想要租房子，她从头到脚打量了一遍，才把她带到了一间位于顶层的房子。杨绛一下子就喜欢上了这间房子，不仅有卧室和起居室，还有一个大大的阳台，洗手间和厨房都是独立空间，从阳台望出去，是一片十分优雅的景致。

果然不出杨绛所料，钱锺书也一下子喜欢上了这间房子。两人说搬就搬，手忙脚乱地累了一天，终于躺在了新家的床上。说是"床"，其实是两张旧的小铁床拼在一起凑成的。钱锺书累得倒头睡去，杨绛却累得睡不着。

无论如何，全新的生活就在这间位于顶层的温馨小屋中开始了。他们用心中的温度温暖着彼此，在一个完全属于两个人的空间里，用心去品尝幸福的滋味。

如果说幸福真的有滋味，也许一日三餐是最好的品尝方式。搬到新家的第二天一早，钱锺书就早早起床，亲手烤了面包，泡了红茶，又热了牛奶，连同黄油、蜂蜜、果酱一同用托盘端到杨绛的床头，请她享用。

这是钱锺书第一次亲手做饭,杨绛没想到竟然做得还不错。她的夸奖是钱锺书最大的动力,所以只要一有时间,钱锺书就会为杨绛亲自做上一顿爱心早餐。

生活是否幸福,全因自己的心而定,哭着来到这个世界,却要笑着面对人生。生活在小小围城中的两个人,可以尽情感受彼此心中的温度,就像钱锺书说的那样,"婚姻就像是穿在脚上的鞋子,舒不舒服只有脚指头知道"。感知幸福的味蕾,就蕴含在柴米油盐和一日三餐当中。

杨绛知道钱锺书爱吃红烧肉,便专门向同在英国留学的中国同学学习做红烧肉的方法。按照同学说的,应该把肉切成大块,杨绛不会用刀切,就用剪子剪,每块肉都剪得工工整整的,再放进开水里烫去血水,倒掉血水之后,再添上干净的水,放上生姜和酱油一同煮。

不过第一次做红烧肉,杨绛还不懂得文火慢炖的道理,她把火开到最大,水都烧干了,肉也没有熟,只好再添上一锅水,寸步不离地看着。好不容易把肉炖熟了,却怎么吃都不是家乡的味道。

杨绛就是有不成功不罢休的劲头,一连几天,脑子里都在思考红烧肉的做法。她忽然想到母亲在熬制糖渍橙皮时是用小小的火,一下子茅塞顿开,依然按照先前的步骤做红烧肉,又买来雪莉酒代替江南的黄酒,然后用小火慢慢地炖,炖出来的肉果然又香又嫩,钱锺书吃得十分开心,连连夸赞小火的力量竟然胜于猛火。

这似乎也是为婚姻保温的哲理,细水长流的平淡幸福,就像用文火煲汤,鲜香浓郁,滋润着五脏六腑,而不像大火爆炒那样猛烈,绵长的滋味却一直能渗透到心底。

杨绛曾说:"我们搬家是冒险,自理伙食也是冒险,吃上红烧肉就是冒险成功。"生活仿佛就是一段不断探险的旅程,是否能从中体会到乐趣,全看你是否有一颗积极乐观的心。乐观了,也就幸福了。

做红烧肉,就是一次成功的探险。自从学会了做红烧肉,做其他的菜仿佛也就无师自通。杨绛常常买来牛肉和羊肉,像做红烧肉那样文火慢炖,即使不放太多作料,用白水煮熟,再像吃火锅一样蘸一些调料,也十分美味。

钱锺书的幸福,就从杨绛亲手烹饪的一日三餐中滋生。每天晚饭过后,两人都会照例出去散步,路过杂货铺,就定好第二天的食材,第二天清早,杂货铺就会派人把食材送到家门口,十分方便。

一次看到扁豆,杨绛想要"挑战"一下,一开始,杨绛以为扁豆是只吃豆的,一面剥壳,一面抱怨壳太厚,豆太小。剥着剥着忽然恍然大悟,也许扁豆是要吃壳的吧。她又以为扁豆可以像青菜一样,炒一炒就可以吃,可是炒了半天也不熟,索性添点水焖一下,竟然十分可口。

从这一刻起,似乎任何的菜肴再也难不住杨绛,可是她也有怕的事情,那就是"杀生"。从小她就不敢吃家乡的特色菜肴"炝虾",长大以后依然不敢活剥螃蟹的外壳。可是钱锺书爱吃虾,杨绛买来活虾,鼓足了勇气,用剪子剪去虾须。可是剪一下,虾就动一下,吓得杨绛扔掉了虾和剪子,告诉钱锺书,虾会痛,以后还是不要吃了。

钱锺书只好安慰杨绛,虾是不会感觉到痛的。以后剪虾须这样的事情就由他来做,虾还是要吃的。

我们应该感谢那些曾经陪伴在身边的人,在最天真烂漫的年纪里,一同经历了一场绚烂若繁花的无忧无虑,有着一段留下相同回忆的年轻。每个人都曾经从青春的路上走过,也终将走向成熟,沿途也许会跌倒,会留下伤疤,会哭,会痛,然而这就是成长的代价,就像从十指不沾阳春水,到嫁为人妇洗手作羹汤,只要心中能感受到幸福,终将成长为一个温暖的人。

每段人生,都会经历一些跌跌撞撞的坎坷,尤其是独立生活在国外的一对新婚小夫妻,更是时不时就会闹一场不大不小的笑话,闯一些不大不小的祸,再自己想方设法去解决。

因为钱锺书大部分时间都在上课,许多困难都要杨绛独自去面对。一次刚送钱锺书走出门口,一阵风吹来,"嘭"地一声,房门应声关了个严严实实。杨绛没有带钥匙,也没有带钱,连找人开锁都不可能。

情急之下她只好绕到楼后,借用园丁的高梯子,爬上了顶层的阳台。平时阳台的门都是敞开的,那一天偏偏被杨绛自己锁上了。阳台门进不去,她只能打起窗户的主意。阳台门的上方,有一个没有锁死的小窗户,她伸手够不到,只能踩着两个摞起来的木箱,依然还差一段距离。

所幸杨绛瘦小而又敏捷,用力一跳,双手就搭住了窗户的下边缘,两脚蹬在门把手上,再一用力,上身就钻进了窗户里。为了避免大头朝下栽进去,杨绛双手不知用了怎样一股力气,竟然把下身带了进来。直到两脚稳稳地落在房间的地板上,她还不知道刚才究竟是怎么进来的。一番后怕的结果,就是杨绛从此以后把钥匙牢牢地拴在腰带上,再也不敢分开。

从窗户爬进房间总算有惊无险,没过多久,独自在家的杨绛又经历了一次煤气泄漏事件。她原本和钱锺书在喝着下午茶,到了上课的时间,钱锺书独自出门,在家里的杨绛只感觉头脑昏沉,全身无力,一股刺鼻的味道断断续续地飘过,还没有完全麻木的大脑忽然闪过一个念头:煤气泄漏了。

她拼尽全身力气走到窗边,推开窗户,就再也无力做任何动作。一直躺在地上,直到钱锺书回来,才把杨绛救出去。

生活总是会遇到突如其来的惊险,却并不是每个人都能像杨绛这样平心静气地去解决。解决问题的办法,永远掌握在自己手里,懂得用自己的头脑去分析,不假手于他人,这也是一种"探险"的乐趣。

杨绛完全享受在生活这场探险里,每天晚饭后,她最爱做的事情就是拉着钱锺书的手出去散步,专门走没走过的路,到陌生的地方去"探险"。她似乎永远对生活抱着一种玩乐的态度，从万千的烦恼中，也能轻易找出最快乐的一个因子。那往往就是解决烦恼的唯一途经，慰藉了自己的心，也就找到了通往幸福的大门。

在不完美的生活里探险

任何人都无法苛求一个完美的人生，就像我们不能要求天上的月亮时刻都呈现最圆满的形状。有人认为一轮弯月代表着残缺，然而这并不完美的形状，又何尝不是另一种美？也许月亮的美不在于它的圆满，而在于它的不规则和多变，就像人生，不完美的细节里，却往往能够体会到更真实的幸福。

人生这条路，充满了数不清的磕绊，却也能收获无数美不胜收的风景。许多人都渴望人生之路可以一直平坦，就像毫无颠簸的高速公路，可以用最快的速度朝着目的地疾驰，却无暇去欣赏沿途的景致，又或者，这样平坦的道路两旁，环绕的只有钢筋水泥砌成的冰冷的楼群。

带有坎坷的路，更像是林间和山间的小路，也许前行的速度略显缓慢，也许没有清晰的路标指引，会在中途迷路，可是一不小心，总能收获一片醉人的风景，从迷茫中摸索出来之后，对人生的目标会更加清晰。回头望去，一路走来留下的脚印也更加深刻。

杨绛曾经一度有过许多遗憾，先是遗憾没有成为清华大学的正式学生，后来又遗憾没有从清华研究院正式毕业，之后又遗憾自己只能成为牛津大学的一名旁听生。可是她后来发现，正是因为没有正式生的身份，才没有大量的作业和论文的压力，可以把大把空闲的时间用来读书。

虽然没有从清华研究院毕业，但是她追随着钱锺书的脚步来到了牛津，收获了满满的知识与能量，还收获了一份人世间最美好的爱情和婚姻，并且，还在牛津迎来了属于他们的爱情结晶。

在牛津的第一个假期，杨绛和钱锺书把全部时间都花在了图书管理，在第二个假期即将到来的时候，他们决定要出去游玩一番。先是游遍伦敦的大街小巷，之后再前往法国巴黎，以代表的身份，出席第一届世界青年大会。

虽然是开会，但是也不影响两人在开会的间歇四处漫游。他们把浪漫的脚印留在了莱蒙湖畔，如果是专程来这里游玩，似乎体会不到"探险"的刺激与乐趣，反而是趁着不重要的会时溜出来，更能体会到游玩的畅快。

多少人迷失在了寻求完美的路上，认为只有事事完美，才是真正把握到了幸福。可是有时幸福就在不完美的点滴背后，就像"拙手笨脚"的钱锺书不会系鞋带,却能用心为杨绛烹饪出美味的早餐;就像杨绛直到离开英国也没有获得任何学位,却利用在英国的时间饱览群书,丰富了见识与内心。

事事追求完美,会让人变得忙碌。忙得迷失了自己,忙得忘记了亲人,甚至忙得让所有人不安,明明想要可以营造出幸福,换来的却是加倍的不幸。

幸福只在自己心里,杨绛心里的幸福,就是有书可读,有家人可以牵挂,有爱人在身旁陪伴。

对生活要求不高的人,总是能在不经意间收获惊喜。原本只是一次普通的游玩,杨绛却没有想到她的"亲人"很快就要增加一份子,那就是她肚子里正在孕育的孩子,她怀孕了。

这个突如其来的好消息让杨绛和钱锺书兴奋不已,不过杨绛身体弱,有些害喜,返回牛津的一路上都被同车厢的加拿大女士在照顾着。因为杨绛长得小,那位加拿大女士把她当成中国的"小女孩儿",让她躺在自己的腿上,杨绛才舒服一些。

回到牛津之后,达蕾女士听说杨绛怀孕,把刚刚腾出来的一间条件更好的房子让给了她,这间房子不仅更大,还有电热水器和大澡盆。

随着孩子越来越大,杨绛的害喜反应也越来越严重,甚至让她没有精力去读书,那一年的年底总结下来,她读书的数量比钱锺书少了许多。

虽然输了读书比赛,可是这种害喜的反应,反而更让杨绛能够体会到孩子在身体里逐渐成长的过程。都说母子连心，母亲害喜，也许就是时刻对孩子的感知。

只要人生没有虚度，这就是杨绛想要的幸福。虽然害喜的症状让她少读了许多书，可是却能更加专注地让腹中的孩子健康成长，幸福的方向此刻就从这里出发，直到孩子平安降生，这一段幸福的果实才终于可以采摘，下一段幸福，又即将开始培育。

杨绛的心中，此刻已经被幸福填满，无论贫穷与富贵，无论前方的道路是平坦还是坎坷，至少她身边还有爱人的关怀，肚子里逐渐成长的"小人儿"，也让自己的血脉得到了延续。

都说有了孩子的家庭才算完整，怀孕之前，杨绛和钱锺书就像两个长不大的孩子，在玩乐中摸索着生活的窍门。如今即将为人父母，似乎想到婴儿在自己怀中温软的蠕动，就是一种可以捕捉到的幸福触感。哪怕是听到婴儿的一生啼哭，那响亮的嗓音里，都洋溢着饱满生命力的宣泄。

钱锺书的课业已经进行到了写毕业论文的阶段，牛津大学对学生的毕业论文要求也是出了名的严格，钱锺书报上去的论文选题遭到了导师的驳回，不得不忙着更改选题。无论做什么选题，都没有任何现成的资料可以参考，并且按照牛津的规定，学生的毕业论文内容必须是前人没有涉及过的。因此，论文中的每一个字，必须都出自钱锺书的独立思维，他一面为专业毕业论文忙得焦头烂额，一面又要无微不至地照顾怀孕的妻子。

自从杨绛怀孕，钱锺书就再也不让她碰任何家务，有时候做完家务，钱锺书还会坐在杨绛的床边，柔声地和她聊天。一次钱锺书说："我不要儿子，我要女儿，只要一个，像你的。"

许多人都将生育儿子当作传宗接代的大计，却忘记了女儿也是夫妻恩爱的结晶。无论儿子还是女儿，两个人的血脉都在这个下一代的生命中得到了延续，钱锺书对杨绛的爱已经深入骨髓，希望再有一个像她的女儿，这样就可以把自己全部的爱，奉献给生命中最重要的两个女人。

杨绛之前并没有思考过想要儿子还是女儿，听了钱锺书的话，似乎也有些默默期盼，即将到来的小生命，真的可以是个女孩儿。她可以继承自己恬淡的内心，继承钱锺书头脑的睿智，她无须长得太漂亮，因为她相信知识可以把一个女人变得优雅迷人。

太漂亮的女孩子总是会招来一众男孩子的追捧，似乎美貌成了得天独厚的优势，让她忽略了其他方面的努力。而并不十分漂亮的女孩子，似乎有更多的借口去读书，用知识的力量支撑起自己不够完美的部分。这样的女孩子身上散发着幽幽的书香，她们吸引到的，往往是那些更懂得欣赏内在的男人。

杨绛和钱锺书是世人公认的才子和才女，他们的笔下也曾经出现过许多经典的作品，可唯有即将出生的孩子，才被他们当作最有价值的一个作品。孩子代表着鲜活的生命，若干年后，孩子会把父母奉献给自己的爱，原样甚至加倍地奉献给父母。

妻子与孩子的健康，成了钱锺书此刻人生中的头等大事。他不得不从忙碌的学业中抽出时间，去帮杨绛预定医院和医生。牛津妇产医院是当地公认的好医院，在预约医生时，院长按照惯例问钱锺书是否要特意指定女医生来接生，因为许多中国人虽然身在国外，依然保持着传统的思维，认为女人生孩子，不能有一个不相干的男人在场。可是钱锺书并不在乎这些所谓的传统和规矩，他根本不用过多思考，直截了当地回答院长："要最好的。"

简单的四个字，却承载着他对妻子和孩子的无限疼爱。没有任何事情能比她们的健康更加重要，至于那些"人言可畏"，就让它们见鬼去吧。

于是，女院长推荐了斯班斯大夫，他是出了名的好医生，住的地方离钱锺书也近，每次做检查，杨绛都可以步行着去，十分方便。

不过被两人朝夕期盼的这个孩子，似乎并不急着和父母见面，过了预产期一个星期，也没有出生的迹象。杨绛只好住进医院，一边悠闲地读书，一边安静地待产。

一阵紧似一阵的阵痛，代表着孩子马上就要降临人世。可是杨绛身体柔弱，用尽全力，孩子也无法出来。医生只好决定为她实施麻醉，用产钳把孩子夹出来。

在麻药的作用下，杨绛昏沉沉睡去，等她再次醒来，孩子已经平安降生。护士们一个劲儿地夸奖她是最勇敢的母亲，一面又讲述着孩子出生那一刻的惊险一幕。也许是孩子在肚子里憋了太久，浑身青紫，又哭不出来。护士拍了好一会儿，孩子才终于"哇"地一声哭出来，哭声十分嘹亮，护士们忍不住为她取了"高歌小姐"的外号。

"高歌小姐"，说明孩子是个女孩儿。想到丈夫的愿望实现了，杨绛心中也快乐起来，不过麻药劲儿还没过，她迷迷糊糊地又沉沉睡去。

等杨绛终于清醒过来，钱锺书已经来医院看望了四次，他看着被包裹得像婴儿一样的杨绛，忍不住一阵心疼，甚至超过了刚刚得到女儿的喜悦。

当杨绛得知钱锺书每一次来看望自己都是步行往返时，忘记了自己还是个虚弱的产妇，只顾着心疼丈夫，叮嘱他一定要坐车回去。

原来真正的爱不是一味地索取，而是心甘情愿地付出。当你懂得为心爱的人无条件地付出所有，心中缓缓流淌的那股甜蜜的滋味，就叫作幸福。

也许对于别人来说，拼尽全力却依然没有靠自己的力量把孩子生出来，这就叫作不完美。可杨绛却认为，为了孩子的平安降生，自己尽到了最大的努力，这也是一种为心爱的人付出带来的幸福。

当钱锺书终于把日思夜想的女儿抱在怀里时，没有过多华丽的言语，只是朴实地说了一句："这是我的女儿，我喜欢的。"

当女儿长大之后知道了父亲对自己说的第一句话竟然如此温馨，心中也对父亲充满了感激之情。

不过，钱锺书更心疼受苦的杨绛，他把女儿的生日当作了杨绛的"母难日"，每到这一天，都不忘提醒女儿要感激母恩。

杨绛反而觉得，生女儿时遭的罪，却意外让自己有了不小的收获。按照规定，牛津妇产医院不允许产妇住院太久，孩子出生之后三五天，产妇就要出院。可杨绛的身体状况不允许她出院，每到快出院时，又会出现一些小状况。

于是，她几乎在医院住满了一个月，利用住院的时间，跟护士学会了给婴儿洗澡、换衣服、换尿布。与一般的新妈妈相比，杨绛成了最娴熟的妈妈。

其实，我们并不需要完美的幸福，因为幸福然往往蕴含在一些微不足道的小事当中，可是不同种类的幸福，却在无形之中相互抵触。收获了某一方面的幸福，在其他方面也许就会觉得不够快乐，不过，只要心中有爱，幸福其实就在手边。

很少有人可以大方地宣布自己的人生堪称完美，可是却永远有人敢拍着胸脯向人们保证，自己过得很幸福。能够感知到幸福的人，一定不会苛求自己处处完美，每一个人都有自己的独到之处。

就像小草虽然羡慕大树的伟岸，大树却在羡慕小草的坚忍；大海虽然羡慕高山的巍峨，高山却在羡慕大海的辽阔。哪怕是最平凡的人，最平淡的生活，也蕴含着一种非凡的魅力，如果一味地自怨自艾，很可能就在后悔与感叹中，虚度了自己的人生。月亮缺失的那一角，代表着它还有即将圆满的希望，就像不完美的人生，总能在不经意的时刻收获一份意外的惊喜。

吃亏的另一种解读

中国有一句古话："祸兮福所倚，福兮祸所伏。"看似是一件好事降临，有时候背后却隐藏着不易察觉的危机；看似是吃亏的事情，其实好事会紧随其后来临。

许多人把"吃亏是福"当作了口头禅，可是等到真的吃亏的那一刻，又有几个人能释然地一笑置之？

只要活在世上，就一定会有吃亏的可能。没有人可以拍着胸脯向世人宣称自己从未吃过亏，只是对吃亏的解读方式不同而已。

不争不抢的人，看似处处吃亏，实际上却蕴含着大智慧。这是杨绛从母亲身上学到的道理。母亲就是一个时时谦和、事事忍让，换来了一家大小的尊重的人。

自从钱锺书结束了牛津的学业，杨绛就带着女儿圆圆和他一同来到了浪漫之都巴黎。杨绛从没有间断过和家人的通信，即便是日军侵略者的铁蹄踏遍了祖国的大好河山，故乡苏州沦陷在日军的魔爪当中，家人也不忘记通过信件，让彼此知道自己的平安。

从前的家书中，几乎每位家人都要给阿季（杨绛小名）写上几句话。可是来到巴黎以后，杨绛敏感地发现，母亲的话语似乎再也没有出现过。在她的反复追问下，大姐终于在信中告诉她真相：母亲去世了。

苏州的家早已被日军的炮火炸成了废墟，父亲带着一大家人在匆忙中逃往香山，母亲一路劳累，染上了疟疾，久治不愈，永远地闭上了双眼。

这个噩耗几乎令杨绛感到窒息，母亲生前的种种形象，如同电影镜头一般一幕幕在眼前回放。

和父亲同岁的母亲，自从婚后，就一直默默地为丈夫奉献着自己的一切。丈夫去国外留学，她就默默在家中等待；丈夫被清政府通缉逃亡日本，她依然守在家中不离不弃。终于等到丈夫归来，生活有了指望，又因为老圃先生太过耿直，一次又一次丢掉了薪水丰厚的工作。

杨绛从母亲的嘴里从未听到过一句怨言，尤其是当父亲因为吃了炝虾染上伤寒之后，母亲更是衣不解带地在旁边照顾。杨绛始终认为，是母亲的坚持，挽救了父亲的生命。从母亲对待父亲的方式上，杨绛第一次感受到了什么叫作夫妻之间的爱情。

退一步海阔天空，放在生活中也同样适用。夫妻之间不可能永远都不出现争执，也总有人在争执面前倔强地不肯认输。其实婚姻当中没有输赢，如果一定要胜过对方，很可能输掉的就是一个爱你的人，和全部幸福的过往。

身为律师的父亲，用忙碌的工作支撑起一个大家庭，母亲则用瘦弱的双肩，撑起了家中的所有经营。她从没有对任何人抱怨一句苦，反而时刻都在惦记着丈夫是否太过劳累，穿得够不够暖，食物可不可口。

几十年的夫妻情分，让她了解了丈夫的一切喜好，杨绛眼中的母亲，对父亲的照顾完全可以用无微不至来形容。

母亲知道父亲不喜欢到鞋店去试鞋，便拿着他的旧鞋到鞋店里去做试样，再让鞋店的伙计用黄包车拉着几十双各式各样的鞋到家里来给父亲挑选；父亲不爱去理发店理发，母亲就把理发师傅请到家里，哪怕多付一些钱也无所谓，等父亲老了一些，头发有些脱落，母亲就亲自学习理发，给父亲的头发剪得十分精神。

在生活中，母亲仿佛时时刻刻都在关注着父亲的感受，看似吃亏，却赢得了父亲的尊重。只要是母亲劝导的话语，父亲全部无条件地听从；只要母亲不在家，父亲就像一个落了单的孩子一样无所适从；父亲独自外出时，看到好看的首饰也会想着买给母亲，杨绛就曾亲眼见到母亲戴着父亲送给她的一对珍珠耳环，眉梢眼角间洋溢着幸福与满足。

生活太过计较，难过的也只是自己。过重的得失心会让人陷在沮丧的情绪里，快乐也就消失得无影无踪。

杨绛的祖母一直留在家乡生活，生活费用都靠孩子们去供给。杨绛记得她的三叔似乎只给祖母寄过两次生活费，然后就总是忘记，再也没有寄过。可杨绛的母亲却把给婆婆寄生活费当作一件大事，四十多年的时间里，从未迟过一天。

有人觉得杨绛的母亲吃亏了，别的儿子都不寄生活费，唯有她独自承担赡养老母的义务。母亲却觉得这是子女应该做的，与吃亏无关。

杨绛有两位姑母，都说小姑子最难伺候，尤其是杨绛的三姑母杨荫榆，脾气更是古怪得可以。可是母亲对三姑母却又宠爱又纵容。无论她想吃什么，母亲都会亲自下厨为她做好、端到面前，还叮嘱孩子们这是给三姑母吃的，免得孩子们抢着吃；她的衣服坏了，母亲也会亲自买衣料亲自缝纫，每次都做得又快又好，生怕三姑母不高兴。

家里吃饭的人多，母亲每次都是忙前忙后，等她终于上桌吃饭，别人已经吃得差不多了。母亲吃饭不多，却慢条斯理，别人走了半天，母亲还在细嚼慢咽。三姑母却认为母亲一定是背着别人偷偷吃好吃的，一次故意趁着母亲还没吃完，回来看了一眼，才发现她吃的不过是别人吃剩的菜。

母亲并不介意小姑子怀疑自己，依然当作什么事情都没有发生一样去对待她。不仅是对待小姑子，无论在任何人面前，母亲都是与人为善,有时候人们觉得她好欺负,就当着面说她的坏话。母亲也不气不闹,仿佛反应慢了半拍,过了好久才无所谓地笑着说:"她算是骂我的。"

可是无论当时还是事后,母亲都不放在心上,更不会斤斤计较地想要"报复"回来。孩子们有时候气不过,会替母亲鸣不平,母亲反而训斥孩子们不要太刻薄。

在吃亏时保持豁达,也许是源于一种自信的态度。一位哲人曾说:"用争夺的方法,你永远得不到满足;但用让步的办法,你可以得到比期盼的更多。"

吃亏并不一定是坏事,损失掉的那一点点所谓的利益,往往会带来更大的惊喜。就像中国古话说的那样:"吃得亏中亏,方得福中福;贪看无边月,失落手中珠。"

母亲生前付出的一切,都在杨绛的心中打下了深深的烙印。她总是认为自己对待钱锺书不如母亲对待父亲那样细心,可是钱锺书一句"最贤的妻,最才的女",就已经是对杨绛最大的肯定。

即使在医院坐月子期间,杨绛也要时不时地替钱锺书闯的小祸善后。他已经习惯了杨绛的照顾,自己一个人在家,经常犯一些"拙手笨脚"的错误。杨绛经常看到钱锺书愁眉苦脸地来探望自己,只要出现这个表情,就一定是做了错事,不是打翻了墨水瓶、弄脏了房东太太的桌布,就是弄坏了台灯或者房门的把手。

杨绛每一次都用"不要紧"安慰钱锺书，她可以把弄脏的桌布洗干净，也会修好台灯和门把手。人们总是认为修理家中的物品应该是男人的职责，可杨绛反而很享受这种照顾钱锺书的方式。"不要紧"三个字，是钱锺书从杨绛身上得到的最大安慰，只要听到这三个字，他就会莫名地感到一种亲切和放心。

国内的战事不断吃紧，杨绛和钱锺书决定回国，与家人共同度过阴霾笼罩的日子。为了一家人的生计，杨绛不得不再吃一次亏。钱锺书在回国之前找到了一份工作，在西南联合大学担任外文系教授，工作地点在云南。他必须在香港提前下船，转乘小船前往云南，接下来的路程，就只有杨绛自己带着女儿走完。

其实杨绛可以和钱锺书一直前往云南，可是她不愿意让自己和女儿成为丈夫的累赘，再加上实在惦记父亲，她决定无论多么困难，也要独自带着女儿坚持下去。

在物欲横流的年代，即便是夫妻，也经常算计着在婚姻中谁付出得多一些，谁占了一些便宜。然而感情永远无法用数据去衡量，愿意主动去吃亏的人，一定有着自我舍弃与自我牺牲的精神，这样的人心中一定都有一个宽容而又纯净的世界，在这个世界里，可以长久地享受到快乐和幸福。

好不容易结束了一路颠簸，杨绛和圆圆被钱锺书的弟弟接到了钱家在上海居住的房子。这是一座三层的住宅，却住着钱锺书的父亲和叔叔两大家子人。由于人口众多，房间已经拥挤不堪，钱锺书的父母和弟弟妹妹住在二层，叔叔一家住在三层和二三层中间的亭子间，钱锺书的二弟一家三口住在一二层中间的亭子间。

客厅里不仅堆满了杂物，还既要充当孩子们学习的教室，又要充当女佣们晚上睡觉的房间。三个女佣挤在一张床上，晚上把床搭起来，到了白天还要拆掉。

刚刚从国外回来的杨绛和圆圆，只能把钱锺书的二弟"挤走"，和弟媳还有她的孩子住在一间屋子里。杨绛一路颠簸，还要听弟媳和自己唠叨一大堆无关痛痒的家长里短，虽然眼皮已经累得睁不开，还要出于礼貌，一面认真听，一面给出回应。

这一次归来，杨绛再也不能像新婚时那样只做做媳妇的样子，钱家两大家子人口众多，用人又少，杨绛不得不开始亲力亲为地做家务。好在她在国外时已经积累了不少生活经验，又从母亲身上学会了宽容和隐忍，无论生活再苦再难，也从不抱怨。

甘于奉献是一种品质，更是一种风度；乐于吃亏是一种境界，更是一种大度。不斤斤计较的人，人格上就已经得到了一种升华，以吃亏为乐的人，必将会赢得人们的尊重。

杨绛不仅要在钱家"做媳妇"，还要担负起养家糊口的任务。经过别人的介绍，她当了家庭教师，为一名广东富商女儿补习高中的数学、物理、化学和英文。因为要全天授课，杨绛在钱家的家务做得相对少了一些，不过她时常用自己的薪水买来各种各样的东西孝敬婆婆，也会挨个向长辈们请安。

钱锺书从外地回到上海之后，杨绛的任务就变得更加繁重，尤其是在钱锺书创作《围城》期间。杨绛曾经形容自己那段时间是过着"灶下婢"的生活。她不仅要承包下生火、做饭、洗衣的全部活计，到了大热天，还要和一大家子人挤在闷热的房间里面。

杨绛和婆婆还有妯娌们并没有太多共同语言，她不喜欢和女人们凑在一处讨论家长里短，只想利用空闲的时间好好看书。但是在一家人面前独自看书，显得太不礼貌，她只好借了一架缝纫机，为钱锺书和圆圆做衣服。狭小而又闷热的房间仿佛放在火上的蒸笼，汗流浃背的杨绛好像蒸笼里蒸着的包子。

有时候，婆婆也会把小叔子的衣服拿来请杨绛缝补，杨绛总是笑呵呵地答应下来。琐碎的家务活最考验一个人的耐心，尤其是生活在一个大家庭中的儿媳妇，总是要比别人更加劳累和辛苦。可是杨绛就像母亲一样，没有丝毫的委屈和抱怨，脸上永远挂着笑眯眯的表情。叔叔家的孩子们都和她十分要好，妯娌也半是玩笑半是认真地夸杨绛是个贤妻。

吃亏可以锻炼一个人的坚忍，每一个大有作为的人，都是从吃亏中历练过来的。吃亏可以把人变得更加睿智，只要参透吃亏的玄机，幸福之门就会在不经意中开启，人生也会从此出现转机。

宠辱不惊，看庭前花开花落；去留无意，望天上云卷云舒。

吃亏与占便宜，本就没有一个明确的定义，生活淡然的女人，内心才会变得强大。

人生当中，太多的祸福让人无法提前预知，无论接下来要面对的是什么，只要记住不去刻意争抢，保持淡定与从容，用甘于吃亏的心态去面对一切考验，渐渐地，你会发现，你比那些斤斤计较的人少了一些浮躁与迷茫，多了一些智慧与幸福。

彩云易散琉璃脆

两全其美是世界上最难实现的愿望,如果收获一份美好,就不能渴望这份美好会长久地握在手中。就像天边美丽的彩云,一阵微风吹过,哪怕眩目的色彩也轻易就会烟消云散。

不过,美好的事物即便失去,也永远地存留在记忆当中,万物有灵且美,无论美好与丑陋都终将逝去。曾经拥有过的美丽瞬间,可以在记忆中幻化成永恒。不必为那些逝去的美好伤心,不如将全部的心思都放在珍惜那些美好的瞬间上面。

梦想永远是美丽的,就如同在阳光下闪耀着七彩光芒的琉璃。然而琉璃易碎,梦想也一样会在现实的冲击下变得支离破碎。有人始终执着在追梦的路上,一路捡拾着梦想的碎片,想要把它拼凑成当初美好的样子;有人却轻易转身离去,任由粉碎的梦想在风雨的侵蚀中慢慢腐朽,最终找不到任何痕迹。

杨绛也有美丽的梦想，她的梦想是文学，不仅仅是读书，她更有一个创作梦。可是日军的炮火每轰鸣一次，这个梦想实现的可能就变得越发渺茫。

战火中的生活更像是在忍辱偷生，然而这并不曾瓦解杨绛的意志，她天生倔强，又从不肯轻易放弃对美好生活的追求。她隐隐觉得自己的骨子里似乎有一种不安分的因子在躁动，这种躁动的感觉越发强烈，仿佛在给她一种力量，支撑着她挺过战争的岁月。

生活在上海的人们纷纷庆幸，在漫天的炮火中，唯有这里不曾遭受过战火的洗礼，看似是一片净土，实际上却是一座"孤岛"。上海的居民仿佛都成了没"娘"的孩子，眼睁睁地看着家门前的一片片土地被英国、法国、美国割据。

"生存"是一个无比现实的字眼，换一种说法，就是活着。活着就需要穿衣吃饭，穿衣吃饭的前提是必须有养家糊口的收入。美好的文字在战争中失去了原有的价值，杨绛必须暂时放弃自己的写作梦，谋求一份更实际的职业，养活自己和女儿。

即便是面对迷茫的未来，理智的杨绛也从未迷失过方向。她对自己的工作只有一个要求：一定不能为日本人工作。哪怕薪资待遇再高，只要与日本人沾边，她就会毫不犹豫地拒绝。她有属于自己的骄傲，这份骄傲让她永远不会在侵略自己国家的敌人面前屈服。

从没有人看到过尊严长什么样子，可就是有人凭借一身傲骨，在最混乱的局面中守护着那一份尊严。虽然杨绛是女人，可她不愿在敌人面前显露出自己的软弱，她不需要敌人的同情和怜悯。因为她知道，同情和怜悯的背后，一定还有更肮脏的目的。

一切美好的事物在战争面前都脆弱得不堪一击，唯有梦想，可以长久地矗立在人的心中。有梦想的人才是真正的富有，也许在残酷的现实中经历了无数次失败与坎坷，梦想终究无法实现，但至少曾经为之努力过，就一定会从中得到一份收获。

不要妄想永远把美好的事物紧握在手中，有时候，美好的事物拥有得久了，会感到麻木。它会让你渐渐分不清什么是真正的美好，甚至美好摆在眼前也不懂得珍惜。

生活在家务与工作的夹缝中，杨绛似乎暂时没有精力去捡拾自己的梦想，可是别人却把自己的梦想，一股脑儿强塞进了杨绛的怀里。

让杨绛替自己完成梦想的，就是振华女校的校长王季玉女士。她和杨绛一样，都是对梦想有着美好憧憬的女子。不同的是，杨绛为了坚持自己的梦，可以不受任何人的干扰，而王季玉女士却放弃了自己的生物学家的梦想，为了完成母亲的心愿，成为一名校长。

振华女校是王季玉女士的母亲典当了全部的首饰筹建起来的学校。她为学校付出了毕生的心血，还把两个女儿送到国外去读书，就是打算为振华女校培养一个未来的接班人。

相对于姐姐王季昭,母亲更看好王季玉,把她送到了美国马萨诸塞州的蒙特豪里尤克学院,取得学士学位之后,又去伊利诺伊大学攻读生物学和化学。毕业之后,母亲马上把她召回国,而让姐姐继续留在国外学习。

王季玉女士为了母亲的梦想,义无反顾地放弃了自己爱好的生物学,她以为可以像母亲一样,用一生的时间守护着振华女校渐渐长大、成熟,并成为国内顶尖的女子中学。她的确是按照这个目标在一路前行,就在振华女校刚刚见到一些起色的时候,日本人的铁蹄瞬间将王季玉女士的梦想踩踏得粉碎。

看着自己破碎一地的美好梦想,王季玉女士来不及伤心,她果断拒绝了日本人接管振华女校的要求,将学校关闭,将学校的物资和师生都转移到东山隐藏起来。

生命中的美好总是短暂易逝,不过王季玉女士不肯眼睁睁地看着自己的梦想在战火中灰飞烟灭。她想到了杨绛,希望杨绛能接下自己手中的权杖,代替自己为重建振华而奔忙。

校长的职务虽不算什么高官,但却足以让一个人做官的愿望得到满足。然而杨绛的人生夙愿偏偏不是做官,她只希望安心做一名群众,静守着一份恬淡的人生。

王季玉女士以为杨绛是担心接下校长的职务会让自己陷入陷阱,其实她只是秉承着父亲教导过的"做什么别做官";王季玉女士又以为杨绛担心没做过校长,处理不好学校的事务,于是承诺只让她做自己的"替身",负责对外的一切工作,实际的校长还是王季玉女士本人，并且她还承诺，一定会手把手地教会杨绛如何做校长。

无论眼前的局面如何纷乱，杨绛都会保持着头脑的一丝理智，不会轻易被别人的想法左右。她并没有马上接下校长的职务，而是打算与父亲商量一下。温柔平和，让杨绛的身上始终散发着恬淡与优雅的气息，而女子少有的那一份理智，则让她更加拥有一种知性的美。

这一次，父亲的意见出乎了杨绛的意料，他认为这件事情"做得"。于是，杨绛再也没有了推脱的借口，接下了王季玉女士的印章以及振华女校海外账户的存折，正式走马上任。

在上任之前，杨绛已经做好了承受压力的准备，可是从寻找合适的校舍开始，一连串的琐事压得她几乎没有时间喘息。重建学校原本只是王季玉女士和校董事会成员们的美好愿望，真正实施起来，才发现这只是一个愿望，支撑着这个愿望的，别说一砖一瓦，甚至连一个石子都没有。

从找教室，到找教师，全部是杨绛一个人完成。虽然是校长，可杨绛并没有一分钱工资，一切都只凭一个信念：要做就要做到最好。

既然会的不多，就要比别人更加努力。杨绛把自己当成一只笨鸟，既然飞得不够快，那就要比别人飞得更早，休息更少。

人生短暂，许多事情还来不及珍惜，就已经变成了过去。一句经典的瑞典格言这样说："我们老得太快，却聪明得太迟。"

有些美好还来不及握在手中，就已经残忍地离你而去。生命一直在不断地前行，"返程票"永远都买不到，学着从每一件事物当中去体会美好吧，因为生命中的一切美好事物都是短暂易逝的。

王季玉女士果真像最初承诺的那样，手把手地教导杨绛处理一切事务。虽然做校长并不是杨绛的梦想，可她依然珍惜每一次接受指点的机会。她把这看作成长的过程，就像学会飞翔一定会经受跌落的过程，每一次站起来，都变成一个更加坚强的自己。

从苦与累中，杨绛尽最大的可能从中汲取着美好的因子。她不仅靠自己的能力找到了适合的校舍，还招募到了许多优秀的教职人员。按照王季玉女士教导的那样，她把每件需要处理的事情都记录在小本子上，从制定学生的学费，到制定教师的薪水，每完成一件，就从小本子上划掉一件。

这只先飞的"笨鸟"终于有了足够坚硬的翅膀，王季玉女士放心地把学校完全交给杨绛，自己则离开了上海。

悠闲的生活彻底离杨绛远去，王季玉女士原本承诺杨绛，只做半年，就让她回归原有的生活，继续从静谧的时光中品尝着美好。然而仅仅是筹备办学，就花费了近一年的时间。学校成立之后，无论杨绛怎样辞职，王季玉女士都不再同意。

杨绛不仅要做校长的工作，还要担任高中三年级的英语老师，原先接下的家庭女教师的工作也依然在继续。分身乏术的她只能选择亏欠自己的女儿，有时候说是在照顾女儿，手头的工作也一刻都不曾放下，甚至连女儿生病，她也只能从繁忙的工作中抽出时间来陪伴女儿。

圆圆最"痛恨"的就是那一摞摞的作业本，每当妈妈摊开作业本，就代表又到了工作的时间。她握着小拳头作势要去打那些作业本，最终又只能含着泪花转身离去。

再美好的时光，终究也会变成一缕云烟，在记忆中越飘越远。也许正是因为这段时光里对女儿的亏欠，才让杨绛在圆圆人生中最后的时刻那样伤感。她一生最美好的时光，就是一家三口在一起的每一个瞬间，从女儿在肚子里的感觉，到女儿出生后的成长，杨绛就像大多数母亲一样，为女儿的每一个进步骄傲不已。

她的笔下曾流露过这样细腻的文字："孩子在肚子里，倒不挂心；孩子不在肚子里，反而叫我牵心挂肚，不知怎样保护才妥当。"寥寥数语，似乎写尽了世间母亲的心态。当别人夸奖圆圆聪明时，杨绛又写道："圆圆得人怜，因为她乖，说得通道理，还管得住自己。"

可就是这样一个时刻让杨绛感到欣慰的女儿，却没能陪她走到人生的最后。白发人送黑发人是一种怎样的感觉？也许从杨绛的文字里，可以清晰地感受到母亲即将失去女儿时那种撕心裂肺的痛："我觉得我的心上给捅了一下，绽出一个血泡，像是一只饱含热泪的眼睛。"

在人体最柔软的器官上捅出一个血泡,那是怎样一种痛不欲生的滋味?当得知女儿终于从病魔的手中逃离,去往一个没有痛苦的世界,杨绛又写道:"我心上盖满了一只一只饱含热泪的眼睛,这时一齐流下泪来。""胸中的热泪直往上涌,直涌到喉头,我使劲咽住,但是我使的劲太大,满腔热泪把胸口挣裂了……"

人生旅途中绚丽的风景,也终归不过是昙花一现。多少美好的故事只能成为可供追忆的繁华,多少美丽的过往染指成殇,在风中散落一地。

"振华校长"杨绛并没有预料到女儿会有先自己一步离去的那天,不过她依然觉得自己已经为重建振华尽到了最大努力。如果永远都让自己的肩上承载着别人的梦,那么自己的梦永远也没有破茧而出的一天。

无论王季玉女士和董事会如何挽留,杨绛还是毅然辞去了校长的职务。她要安静地做一名普通的群众,从平淡的生活中发现美好,用温暖的笔触写下一段段可供回忆的光阴。

繁华的背后大多是落寞,从别人无法体会的孤独里,杨绛学会了坚强。既然美好的时光注定短暂,那么就要尽力去把握,不让它从眼前白白溜走。无官一身轻的杨绛终于重新拿起了笔,这段做校长的经历给了她充足的灵感,王季玉女士也成为她笔下创作的故事的原型。一部名叫《事业》的短篇小说从杨绛的笔下逐渐鲜活,她知道因为辞职的事情,与王季玉女士曾闹过一些不快，可她依然将王季玉女士当成自己人生的导师，对她保持着尊敬与怀念。

　　努力去把握美好的时光是一种美好，轻轻地放手，看美好的时光在眼前缓慢流淌，亦是一种享受。人生不会永远都经历顺境，将美好留在记忆当中，让它在时间的流逝中发酵成香醇的美酒，用一抹醇香，浇灌出心灵中盛开的花朵。

第五章

要如何抵挡这湍急的时光

杨绛曾说:"能在清华教书是钱锺书最称心的事。……现在去不成了,倒也成全了他,三人可同甘共苦,一起度过抗战胜利最后来临前的艰苦岁月,胜于别离。"聪明的人,总是能从逆境中找到幸福的头绪,用双手轻轻拉扯,为一家人营造起一座用幸福编织起来的帐篷。做人生的舞者,才无愧无悔,用沉静的力量,度过寻常岁月中的静好光年。

烤着生命之火取暖

时光就像一轮湍急的旋涡，无论你怎样挣扎，都依然逃不脱被卷入的命运。也许时光之所以美好，就是因为它永远在不断地流逝。要享受时光赋予的刹那芳华，就要耐得住卷入时光旋涡后的黑暗与颠簸。

有人说，当岁月在头顶催生了华发，也就再也没有了在时光旋涡中挣扎的力量。此刻的人生，只剩下回首，然而无论你怎样站在时光的一端向来处翘首企盼，时光都永远不会为任何人、任何事而折返。

奔腾的时光冲刷得人们几乎站立不稳，情不自禁地被汹涌的力量推动着盲目地奔向前方，几乎忘记了自己想要寻找的最终方向。唯有内心沉静的人，才能够抵挡得住身外的喧哗和奔涌，不为名利所累，不受浮华羁绊，排除世俗的干扰，沉淀素淡的心境。想动时，便在时光中畅游；想静时，如磐石般稳稳地矗立于原处。

杨绛曾说："我和谁都不争，和谁争我都不屑。我爱大自然，其次是艺术，我烤着生命之火取暖，火萎了，我也准备走了。"

身为女子，杨绛有着不枝不蔓的冷静，她独自在上海撑起筹办一所学校的全部工作，还要抽出一切空闲时间来照顾和陪伴女儿圆圆。即便如此，她也从未对钱锺书抱怨一句，她觉得一切都是最好的安排，自己所经历的一切，都是生活该有的样子。

在这种忙碌得几乎没有一丝喘息的生活中，杨绛体会到了一种充实和满足。如果一定要为这种生活找出一些缺憾，那就是陪伴女儿的时间太少，还有就是连给钱锺书写信的时间都没有。

杨绛的信是钱锺书在昆明西南联合大学那段寂寞的生活中唯一的慰藉，钱锺书最大的乐趣就是时常伏在案头给杨绛写信，一旦信件寄出，他的一颗心仿佛也被装在信封中带走，什么时候收到杨绛的回信，那颗心才会再次回到胸腔的空洞当中。

然而钱锺书并不知道杨绛那段时间忙得有多可怜，任凭他望眼欲穿地苦等，依然没有收到杨绛寄来的只言片语。他几乎失去了等待的耐性，学校一放假，就迫不及待地赶回上海，与爱人和女儿团聚。

盼到钱锺书回家，是杨绛最高兴的事情。她虽然大部分心思依然扑在工作上,却也每天都能够与丈夫和女儿共享一段天伦时光。有时候即使忙得参与不进去父女之间的游戏,只要听到他们嘻嘻哈哈的笑声,也是心头最大的慰藉。

成熟的标志不应该仅仅是长大,而是在任何情况下都能保持着内心的从容。这是一种敢于让一切顺其自然发生的勇气,因为这个世界上有太多的事情不能靠人力去掌控。就像你永远都无法将时间的沙漏调转方向,让它流回从前,所以,只要用心做好自己分内的事情,其他的就任由它朝着自己迎面走来,或是从身旁擦肩而过。

快乐的时光总是短暂,本以为钱锺书可以在家中度过一整个暑假,谁知假期刚刚过半,就收到钱老夫子的来信,称自己生病,需要儿子到湖南蓝田去侍奉,顺便出任蓝田国立师范学院英文系主任的职务。

蓝田国立师范学院就是钱老夫子就职的学校,聪明如杨绛,不可能看不出称病是假,想让钱锺书辞去西南联合大学清华大学外文系教授的职务,转而到蓝田去任教是真。

无论是为了钱锺书的未来,还是他的母校考虑,在国难当头的时刻弃母校的学生和同人于不顾,都不是合适的做法。然而杨绛从来不会用激烈的言辞左右钱锺书的思想,她只是客观地分析目前的状况和做人的道理。

钱锺书回到清华任教,本来就是母校对他的破格任用,一旦离开,想要再回去就几乎没有可能。并且能够在战火中维持一所高等学府的正常教学实属不易，于公于私，钱锺书都应该留下来与全校师生共同奋斗。

钱锺书也认为父亲的要求有些荒唐，然而他抵挡不过钱家所有人用沉默带来的巨大压力，杨绛也深深地感觉到，如果执意按照自己的想法做事，钱家可能就再也没有他们一家三口的容身之地。

于是，她无奈地选择了妥协，并且在心中默默下定了决心，无论钱锺书的未来陷入怎样的困境，自己都一定能够成为他身后最坚实的后盾。

博尔赫斯说："时光流逝，而我心安。"有些事情既然无力阻止，就让它顺其自然地发生好了。就像时光总要快速向前流动，那就安然地站在时光的彼岸，静看它静谧时的柔美，和波澜壮阔时的惊心。

无论时光以怎样的速度向前流淌，重要的人永远值得被珍重。杨绛对钱锺书的爱从来不曾褪色，哪怕他的身影渐渐远去，爱人的气息与温存始终镌刻在记忆之中。

正因如此，她才没有极力阻止钱锺书远去的脚步，而是用默许，给予他心灵深处最大的鼓励。杨绛默默地收拾着钱锺书的行李，她多希望时间的脚步能慢一点，再慢一点，也许中途会出现什么转机，就不用眼睁睁地看着钱锺书奔赴一段注定没有前景的未来。

然而这个转机最终成为心中美好的幻想，终究没能出现。

一直拖到不能再拖的时刻，钱锺书才带着满腔不愿意，缓慢地踏上了旅程。

那是1939年的10月，距离钱锺书的生日已经很近。杨绛原本打算在家中为他庆祝，可惜计划不如变化快，这一年的生日，注定要在旅途中度过。

钱锺书临行之前，杨绛温柔地整理着他的衣领。此去一别，不知何时才能再见，她更知道从上海到蓝田，一路要经历怎样波折的旅程。千言万语只化作了一句默默的叮咛："看来你的生日将在路上过了。我在家为你吃碗面，祝平安。"

杨绛知道，钱锺书总是记不住自己的生日，与其叮嘱他记得在生日那天吃一碗长寿面，不如自己在家替他吃面庆祝。果然不出她所料，钱锺书依然忘记了自己的生日，而这趟蓝田之行，比所有人想象的都更加坎坷而颠簸。

人生是一场脚步与心灵同时在路上的旅行，痛苦与伤痛难免在中途不期而遇，然而无论遭受多大的逆境，总有人在内心中保留着一份欢喜，因为他有一颗从不背叛自己原本意愿的心，更不会让自己被逆境和痛苦所左右。

在钱锺书临行之前，钱老夫子给了儿子一年的时间作为期限。然而无论是钱锺书还是杨绛，都没有指望钱老夫子会遵守一年之约。果然，一年的时间即将过去，钱老夫子并没有任何想要让钱锺书回上海的打算。

杨绛本来已经带着圆圆在外面租好了房子，只等钱锺书归来，一家三口能够团聚。因为钱锺书曾经对她透露过自己的想法，这一次如果能够返回上海，就再也不离开。

当得知钱锺书再一次被钱老夫子留下，杨绛只好默默地把刚刚租了一个月的房子退掉。既然有些事情不能如愿，就权当作是人生中经历的一场风雨，风雨过后，一切都会平息，让心头的企盼再一次回归原点，波澜不惊，守到花开的那天。

对钱锺书，杨绛不仅是惦记、思念，还有些同情。她知道这一对父子虽然都是优秀的学者和教师，却在思维意识上有着两代人明显的区别。儿子的志向，父亲不理解；父亲的志向，儿子又不认同。

但在杨绛的心中，公公是个好人。她对钱老夫子始终保持着敬仰和尊重，不仅仅因为她是钱家的儿媳，更是因为她了解公公在事业上的作为，以及在生活中的负责任。

别人提到钱老夫子，首先想到这是一位有些迂腐传统的老人，而杨绛却认为公公不仅厚道，而且有担当。钱锺书的祖父从前经商，不幸遭遇战争，全部家业被抢，在外面还欠着一大笔债。

钱老夫子虽不是长子，却承担下了全部债务。他呕心沥血地教书赚钱，有限的薪水全部填入债务当中，日子仅仅能在清苦中维持，一连坚持了许久，一大笔债务才终于还清，而钱老夫子因为过度劳累，身体已经变得虚弱不堪。

在妻子面前，钱老夫子看似固执而又强势，可是他对妻子的体谅,从来不体现在言语之间。钱锺书的母亲在七年之内一连生育了四个子女,身体变得虚弱,如果再次怀孕,身体只会变得更加虚空。钱老夫子不愿妻子受苦,就将全部的精力都投入到工作当中,累了就在书房的躺椅中歇一下,一连很长时间都没有回到妻子房中休息。

他的所作所为令杨绛感到敬佩,工作时的钱老夫子,几乎不分昼夜,从清晨忙到半夜,整天坐在一张大大的书桌后面奋笔疾书,不是在编撰中国文学史,就是在写自己的读书日记,或是为教学编写讲义。

我们常常能够感受到内心的苦闷,往往是因为对别人的言行太过在意。有时候试着站在对方的角度,多一些理解,连冰冷的灵魂都能在这一瞬间充斥着香气。

杨绛总是懂得去理解别人,也懂得不将过高的期望寄托在别人身上。对于命运赠予的一切都坦然接受,好的不过分雀跃,坏的不过分悲伤,这是一种在时光的冲刷中形成的洒脱,守住一份淡然与坦然,沉静得让人叹服。

没有钱锺书的日子,杨绛又独自支撑了两年,终于等来了西南联合大学重新聘请钱锺书回校任教的好消息。钱锺书迫不及待地赶回上海,只等收到西南联合大学的正式聘书,就走马上任。

好消息来得太过突然,杨绛一时间甚至都找不到可供一家三口容身的住所。她只好又在钱家的客厅里支起一张小床,和女儿睡在那里，等待钱锺书的归来。

钱锺书离开的时候，圆圆刚满两岁。对于一个两岁的孩子来说，两年的时光太过漫长。她已经记不得父亲的长相，当一路颠簸之后长出满脸胡茬的钱锺书回到家里，圆圆瞪着一双明亮的眼睛看着眼前的"陌生人"，丝毫记不起来这是曾经陪伴她一同玩耍的爸爸。

杨绛微笑地看着这对父女从陌生到亲密无间，一种幸福的滋味终于在心头逐渐蔓延。无论顺境逆境，她早已从生活的磨砺中学会了波澜不惊，用泰然自若的态度去面对生活一切的馈赠，因此，当西南联合大学的聘书迟迟没有发来的时候，杨绛的心中已经有了明确的判断：一定是中途又出现了什么变故。

果然，直到西南联合大学已经开学了三个星期，外文系主任陈福田才姗姗来迟地到钱家请钱锺书回去任教。再愚钝的人也可以想到，这是刻意的拖延，钱锺书知道自己已经成为不受欢迎的人物，索性客客气气地婉拒，推说不去任教了。

甚至没有一句客气的挽留，陈福田就转身而去。在他离开的那一瞬间，杨绛似乎能从他的神色中看出一丝轻松。

无论这迟来的聘请是人为的拖延，还是命运的捉弄，此时此刻，在杨绛和钱锺书的头顶，似乎笼罩着浓厚的阴云。然而她依然毫不抱怨，用真诚的态度固守着淡然与沉静。她不知道自己的处理方式是对是错，至少她永远坦坦荡荡地真诚待人，在人与人的交流与信任之间，她可以坦荡地说自己无愧于心。

杨绛曾说:"能在清华教书是钱锺书最称心的事。……现在去不成了,倒也成全了他,三人可同甘共苦,一起度过抗战胜利最后来临前的艰苦岁月,胜于别离。"

聪明的人,总是能从逆境中找到幸福的头绪,用双手轻轻拉扯,为一家人营造起一座用幸福编织起来的帐篷。做人生的舞者,才无愧无悔,用沉静的力量,度过寻常岁月中的静好光年。

波涛岁月里的赤子之心

康德说:"世界上有两种事物越思索就越敬畏,一种是天上的星空,一种是心中的道德。"唯有淡泊名利,才能永远保持一颗赤子之心。

人生总是有得有失,得到功名利禄,失去的必然是心中最初的那份单纯。当生活被越来越多的烦心事所累,有没有那么一刻,你会怀念那段不知欲望为何物的年代?

如果人生是一场游戏,总有人在这场游戏中玩得太过认真,一定要在所谓的角逐中分出胜负。无论输赢,赌注都是自己的悲喜。

你是否真正思考过生命的意义?我们不停地奔跑、寻觅,衣兜里盛满了赌赢来的果实,身体里那个曾经最纯净的灵魂,早已被似水的流年污染得面目全非。

你要记得，永远怀着一颗淡然的初心，慢慢熬煮着岁月，熬出缠绵，熬出静好，让所有的悲喜都熏染上岁月的馨香，说不定就连自己，都会被这一抹纯净的香气深深感动。

辞去了振华女校校长的职务，盼到了钱锺书归来，杨绛的人生似乎终于走回了原有的轨道，她不疾不徐地调整着生活的步调，似乎每一件事都值得欢喜，每一天都能遇见一个更好的自己。

钱锺书刚刚回到上海的那段日子里一直处于"失业"状态，杨绛并不急于让他随便找一个工作，只希望他能做一些自己真正喜欢做的事情。于是，养家糊口的重任就落在了杨绛的身上，好在她的工作总是能够接上，请她做家庭教师的富家小姐高中毕业之后，杨绛又在工部局北区半日小学里找到了一份代课教员的工作。

都说杨绛是个上得厅堂、下得厨房的贤妻良母，其实她也是一个有着聪明头脑的好老师。虽然不是科班出身，可是对付那些淘气的一年级新生，没有人比杨绛更有办法。她能清楚地叫出每一个孩子的名字，只要有学生在课堂上不遵守秩序，杨绛马上就能叫出名字批评。这不禁让孩子们吃惊，所以再也不敢在杨绛的课堂上捣乱。

永恒并没有多长，瞬间也并不算很短。总有人在某一个刹那取得了辉煌的成就，然后用庸庸碌碌的后半生去乐此不疲地讲述。

能够管好学生，并没有被杨绛当成什么大不了的事情。在课堂上她是老师，在课堂下她是每一个学生的朋友。每一个学生的个性和爱好，她都能如数家珍地讲述出来。一个学年结束，因为她的出色表现，又被派到新的一年级去带刚刚上学的学生。

无论何时，杨绛始终保持着谦虚的本性。她的脸上从来不曾见到骄傲的神色，言谈举止间也保持着恰到好处的谦逊。无论对任何人，她都是尊敬的，杨绛看人不分职业，不分贵贱，她能从每一个人身上，找出自己不具备的优点。

因此，所有的同事与杨绛都没有任何隔膜。她还故意在档案中把自己的学历填写成东吴大学，当同事们无意中得知她竟然是从英国和法国留学归来，并且还做过振华女校的校长之后，对待人接物毫无架子的杨绛更是多了一份欣赏与敬佩。

有些成就，自己看得淡了，别人反而会更加看重。如果自己时刻不忘把那些曾经的悲伤挂在嘴边，换来的不过是别人轻蔑的一笑和嗤之以鼻。

杨绛的个性还算开朗，不过有些慢热。每天和同事们一同坐电车回家，时间久了，电车司机和售票员也认识了这位斯文的女老师。售票员经常会过来与大家一起聊天，一开始杨绛还有些腼腆，熟悉之后也愿意和大家聊一聊家常。

不争不抢，不疾不徐，以优雅的姿态前行，以淡然的心处世。这就是杨绛一贯留给人的印象，她的沉静，总是能给身边的每一个人留下好印象。

一次坐电车，杨绛正站在电车司机背后，不知道在想什么，到站之后竟然忘记了下车。直到电车开动，她才醒过神了，"哎呀"大叫了一声。

电车司机听说她坐过了站，赶忙安慰她"不要紧"，电车此时刚好路过一个十字路口，又不是站点，按规定不可以停车，司机故意把车开得很慢，又把车门打开一道缝，似停非停地停了一下，杨绛趁着这个工夫钻出车门跳下了电车。

都说爱笑的女人，运气不会太差，那么沉静的女子，无论遇到任何困难，都会有人愿意伸出援手。没有必要为了虚幻的美好去刻意追求，更没有必要为了想象中的成功而苦苦等待，光阴中的每一秒都是独一无二的，不如用淡然的姿态去迎接每一个崭新的时刻，用优雅的身姿去接受命运赠予的每一刻悲喜。

虽然始终用谦和的姿态对待生命中出现的每一个人，但是杨绛绝不是一个"烂好人"，她的思维里爱憎分明，对于那些肆意践踏祖国领土和她的家乡的敌人，杨绛永远都不会向他们屈服。

这一点，杨绛和父亲做的一样。老圃先生向来不谈国事，可是在战争面前，敌人和朋友之间始终在他心中有着一道明确的分界线。有些人在日本人和伪政府给出的巨大利益诱惑下，沦为汉奸、卖国贼，对待这样的人，老圃先生口中从不留情，无论这个人从前是不是他的朋友。

一次，杨绛好奇地问父亲，为什么他的一个朋友好久都没有来家里做客了,父亲直截了当地告诉女儿:"他没脸来了。"原来这个朋友已经站到了日本人和伪政府的一边,对于这样的人,老圃先生只会毫不客气地唾弃。

又有一次,老圃先生在公园散步时,遇见了一个熟人,他也成了日本人的走狗,老圃先生当作没看见,带着蔑视的眼神从他身旁走过,招呼都没有打一个。那个人竟然四处说老圃先生的坏话,说"杨荫杭眼睛瞎了",可老圃先生却犀利地回应道:"女子夫死再嫁,至少也该等丈夫死之后,怎么丈夫还活着就嫁人了?"

杨绛身边的朋友并没有人成为汉奸,不过对待日本人,她也像父亲一样保持着一身傲骨。

杨绛工作的小学离家很远,每次上班都要乘坐一个小时的电车。虽然距离有些远,可和车上的同事说说笑笑,时间也过得非常愉快。

当日本人闯入了租界,一切都发生了变化。每天电车都会路过黄浦江大桥,按照日本人的要求,电车上的所有乘客都要下车,排队步行过桥,还要向把守桥头的日本兵行礼。杨绛不愿向日本人行礼,每次都是含糊地低一下头,敷衍了事。好在过桥的人多,日本人并没有发现杨绛的小动作。

不久之后,日本人又改了规矩,不用乘客下车,而是由日本兵上车检查。每当日本兵上车,所有的乘客必须起立。杨绛心有不甘,站起来的速度比别人慢,又故意低着头不看日本人。

一个日本兵径直走到杨绛面前，伸出一根食指，用力地抬起了她的下巴。车上的人吓得一声都不敢吭，杨绛却瞪大了眼睛怒视着日本兵，嘴里说"岂有此理"。日本兵没有想到一个弱小的女子竟敢反抗他，一时之间也没有什么办法，只好恶狠狠地瞪着杨绛。杨绛索性不看他，把视线移向车窗外面。

日本人一直瞪了杨绛很久，才心不甘情不愿地转身下车。下车之前，还反复几次回头，仿佛是要记住杨绛的样子。杨绛一直保持着原来的姿势一动不动，把自己的尊严妥善地维护到了最后一刻。日本人下车之后，杨绛才发现自己的心早已经提到了嗓子眼，她跌坐在电车座椅上，旁边的乘客终于纷纷开口，说她是在做傻事。

杨绛一面后怕，一面庆幸，多亏刚才自己没有多说什么，否则很可能惹来杀身之祸。不过，虽然日本兵今天走了，不代表明天不会报复。第二天，杨绛特意没有乘坐电车，而是改走了一条更加绕远的小路。直到听说检查电车的日本人每天都会更换，才又放心地坐回了电车。

所谓赤子之心，就是人心中最单纯的心灵。能够保持住这份单纯，就不惧红尘中的悲欢，甚至不沾染世俗之气，如同莲花一样，在淤泥中盛开，周身却保持洁净。

杨绛不仅有一颗赤子之心，更有一身傲骨。她曾说："贫与病总是相连的。"因为日子过得清苦，钱锺书的身体变得越发虚弱，每年都要生一场大病，一病就是一个多月。

在钱锺书贫病交加的日子里，杨绛反而放弃了从事了三年的小学教员工作。因为学校已经被日本人掌管，杨绛不愿意成为日本人的走狗。如果继续做日本人学校的教员，每个月都可以得到三斗白米的补贴，这在战争当中简直可以称为珍稀物品，如果只是一名普通市民，只能得到碎米，中间还要掺上许多沙子，就连面粉都是黑的，中间还掺杂着杂质和麸皮。

即便如此，杨绛也毅然决然地辞了职。钱锺书的病无论怎么就医都不见好，杨绛就凭着自己仅有的医学常识做起了他的"大夫"，按照钱锺书的病症，到药店里去参照着药性买药，一来二去，钱锺书的病竟然奇迹般地好转。

也许这就是爱的力量，就像当年父亲患上伤寒，母亲那句坚定的"死马当活马医"一样，只要爱人还有一口气，就绝不会放弃一个鲜活的生命。

贫病交加的钱锺书也曾经收到伪政府的邀请，请他去替伪政府"撑门面"。即便衣食无着，钱锺书也愤然拒绝了前来邀请的人。伪政府不死心，一次又一次地派人来请，每一个上门的人都被钱锺书斥责得体无完肤。拂袖而去的说客们不停地说着钱锺书"太冥顽！"他们哪里知道，人生选择的方向不一样，无论如何都无法乘坐在同一个交通工具上。

每个人都不是神，都不能要求自己将每一件事做到完美。但至少要无愧于自己的本心，不奢望浮华，不贪恋美景，抛却那些华丽的羁绊，人生的脚步才能更加轻盈。

在成为"围城"的上海,有许多像钱锺书和杨绛一样的知识分子,在一同经历着黎明前最黑暗的时刻。他们渐渐地走到了一起,用温暖的话语安慰着彼此的心灵,用相互支撑的力量,去为黑暗中的生活加油打气。

傅雷是杨绛和钱锺书的好友之一,他和他们一样保留着一颗赤子之心,对黑暗的势力毫不留情地抨击。那时杨绛和傅雷两家住得很近,经常在晚饭后和钱锺书一同散步到傅雷家去夜谈。

别人都说傅雷严肃,可杨绛回忆中的傅雷却永远眉梢眼角带着笑意。尤其是听钱锺书说话的时候,这样的表情就会长久地挂在傅雷的脸上。杨绛后来才知道,傅雷从不轻易对人笑,这样的笑容足以证明他对这对夫妇是有多么欣赏和认可。

就连钱锺书当着大家的面开傅雷的玩笑,傅雷也是随着大家一同玩笑过去。熟悉傅雷的人被钱锺书的这句玩笑惊得一身冷汗,傅雷竟然没有发火,反而让人觉得原来傅雷也是有幽默细胞的。

同为赤子,自然惺惺相惜。他们还有一位好友叫作陈麟瑞,是钱锺书在清华大学的学长,他第一次见到杨绛之后,便对杨绛说:"我现在明白了,钟书为什么总这样高兴快活,原来他有这样一个 wife。"

在这个世界里,每个人都在努力地活出自己的姿态,拼尽全力希望整个世界都能仰望自己。我们总是能清楚地眺望到别人的幸福，却不知自己其实就沉浸在幸福里。

　　如果总是用自己的劣势与别人的优势比较，一定会痛，无论自卑或是骄傲，都很难得到幸福。唯有保持着一颗素淡的心，不骄不躁地去迎接人生的悲喜，才能拥有金钱买不到的快乐，也就拥有了别人渴望得到的全世界。

　　在被金钱、欲望充斥的社会里，如果能够摘下脸上的面具，心底保持着孩童般的纯真，就会成为世界上最幸福的人。有人说赤子孤独，可是只有赤子能够收获到最简单的幸福，心无杂念，连快乐也变成了容易的事情。

太阳总是照常升起

太阳永远从东方升起,从西方降落;植物永远在春季发芽,在冬季凋谢。人生似乎也是一个轮回,有些人活了一辈子,就像活了一天,看似安稳,实际上却陷入一片虚无,哪怕活了百年,终究也不过是荒废了人生。

有些人却从不放弃对生活的耕耘,短短几天就能收获到别人几年时间都得不到的精彩。如果一定要为生活找到一个"窍门",那这个窍门就是你的内心。只要你的内心不重复枯燥,每一天的太阳都会因你而照亮崭新的一天。

每个人的人生中都难免会出现一段黑暗的时光,杨绛生命中那段黎明前的黑暗,就是在上海沦陷到日本人手中的那段日子。

她凭借着自身的乐观,和志同道合的爱人和朋友相互陪伴,相互扶持着在黑暗中摸索前进，企盼黎明早些到来，冲破这无边的黑暗。

在最黑暗的日子里，杨绛也从没有轻言放弃。她不会让自己的生活在恶劣的环境中变得麻木，反而要找到更多可做的事情，时刻提醒自己做人应该有一种乐观的精神。

只有这样，才能让她感受到每一天都是全新的，日子不会枯燥无味，更不会每天都活成相同的样子。

一次和朋友一起吃烤肉，身为戏剧作家的陈麟瑞向杨绛提议，为什么不好好利用一下自己的文学天赋，尝试一下戏剧的创作。

一句话说得杨绛十分动心，她对戏剧本来就十分感兴趣，在英国和法国留学时，也读过不少外国的戏剧。陈麟瑞家中大部分有关戏剧的书籍，像《莎士比亚的成功经验》《戏剧创作技巧》都被她借来读过了。

杨绛向来是个行动派，说做就做，很快就写出了一个戏剧的初稿，陈麟瑞提出了一些修改意见，建议她把内容丰富一下，干脆写成一个多幕剧。

陈麟瑞的鼓励又给了杨绛极大的动力，很快就创作完成了一个四幕喜剧的剧本。只是第一次创作剧本，一时间想不出一个恰到好处的名字。杨绛在屋子里反复地踱步，忽然间一句成语从脑海中迸发出来："称心如意"，似乎没有任何一个题目能比这四个字更贴合剧情。

杨绛没有想到，第一次创作出来的剧本，竟然就被戏剧导演看中，很快就要开始排演。作为剧作家，她的名字要印刷在宣传海报上，这是她第一次把"杨绛"当成自己的笔名，名字的由来是小时候姐妹们都懒得叫"季康"两个字，而是连读成一个音："绛"。之所以要在海报上印上笔名，是因为杨绛担心这部剧不叫座，害怕用本名会丢人。

人生中的大多数生活都是平凡的，它波澜不惊，甚至有些索然无味。重要的是你自己会在这样的生活中加入哪些调剂，不嫌弃平淡的生活，不放弃为生活加点料的努力。

许多人都在做着自己不喜欢做的事，很少有人能幸福地把爱好当成职业。如果不懂得时刻保持一颗欢愉的心，再美好的事情也会在每天重复经历的过程中变得枯燥无味。

只要能够保持一颗善于发现美好的心，万物都会因你而有灵，因你而美丽，再单调的生活，也会一天天变得"鲜美"起来。

在那个人人都愁眉不展的年代里，杨绛依然有乐观的心去创作一部喜剧。她创作的喜剧不是为了刻意引人发笑，而是将日常的人情世故细微地刻画到了极点，人们看了不仅会心一笑，更从皆大欢喜的结局中看到光明的希望。

《称心如意》的女主人公是个年轻漂亮的女孩，可惜父母早亡，只好千里迢迢从北京到上海投奔亲人。她先是来到了做银行经理的大舅家，大舅嫌弃女孩的爸爸是个穷画家，死后没有留下任何家产，把女孩当作累赘，不愿收留。大舅妈却想让女孩当大舅的秘书，利用她监视大舅的私生活，拆散他和风流女秘书的不正当关系。

同时大舅妈也不想让女孩住在自己家里，找个借口把她骗去二舅家。二舅妈担心女孩会让自己的儿子着迷，破坏已经订好的婚姻，又把她赶到四舅家。四舅和四舅妈没有孩子，又因为是否收养孩子的问题争吵不休，女孩在这里也待不下去，只好投奔自己的舅公。

舅公也没有子女，他把女孩当成自己的孙女，还把自己的遗产全部留给她。巧合的是，女孩的男朋友是舅公老朋友的孙子，女孩终于不再孤苦伶仃，她有了家人，有了爱人，这样的结局，的确算是名副其实的"称心如意"。

这部喜剧一上演就立刻大获成功，人们认为只有女性作家才能把小人物的细微心理刻画得如此细腻，剧评家方中更是感叹，上海近几年上演的戏剧几乎都是悲剧，观众们的审美也变得有些偏颇，认为能让观众落泪的就是好的戏剧。可是《称心如意》却完全颠覆了人们对"好戏剧"的概念，它不仅是"近年来少见的喜剧，并且是近年来少见的好喜剧"。

有人希望杨绛"能创作更多的喜剧，替喜剧争一口气，替上海剧坛争一口气"。可是也有人认为杨绛创作的剧本缺乏"主旋律"，更加缺少一些"斗争意义"。

当时的上海依然处于沦陷的状态，文艺界的人也把与敌人斗争看作自己分内的事情。舞台也是一片战场，杨绛创作的剧本虽然没有浓烈的政治色彩，却能为处于苦闷中的百姓带来欢笑。相比一味地斗争，这种让人们舒缓内心的作品同样必不可少。

因此，杨绛说："如果说，沦陷在上海日寇铁蹄下的老百姓，不妥协、不屈服就算反抗，不愁苦、不丧气就算顽强，那么这两个喜剧里的几声笑，也算表示我们在漫漫长夜的黑暗里始终没有丧失信心，在艰苦的生活里始终保持着乐观精神。"

只要保持乐观的精神，头顶的阴霾终将被阳光冲散。如果在黑暗中变得自轻自贱，一种深深的屈辱感就会把人拉向无边的深渊，无论如何挣扎，包裹住自己的永远只能是一片黑暗。每个人都应该有一颗自命不凡的心，欢乐的情感不应该是从别人那里得到的施舍，而是要善于捕捉空气中的快乐因子，把重复的生活变得新鲜。

杨绛提到过的"两个喜剧"，一个是《称心如意》，另一个就是紧随其后创作出来的《弄假成真》。如果在《称心如意》上演时，还有人猜测这是钱锺书或者钱老夫子帮助杨绛完成的作品，那么《弄假成真》的出现，已经足以让世人相信，杨绛的确有独立创作喜剧的才华和能力。

《弄假成真》的男主人公是一个在保险公司做小职员的年轻人，他和母亲的生活穷困潦倒，只好寄居在妹妹婆家的阁楼上面。年轻人最大的本事就是吹牛皮，工作不够努力，却一心妄想着娶一个有钱人家的女儿，过上不愁吃穿的日子。

吹牛皮的本事的确帮助年轻人认识了一个地产商的侄女，并通过她认识了地产商的女儿。在她们面前，年轻人吹嘘自己是留洋的博士，其实只是在国外最贫困的地方生活过一年；他还说自己的母亲是女中豪杰，培养出了他这个留洋归来的儿子，其实他的母亲斗大的字不识一箩筐，不过是一个只会撒泼打滚的妇人；他还说自己的舅舅开着一间百货公司，其实不过是一间小小的杂货铺；他甚至还说自己不愿意当官，不愿意做保险公司的经理，因为"做了官就高高在上，不知民情了"，其实他因为工作不够努力，已经在保险公司混不下去了。

但是地产商家的女眷却被他的"大志向"深深迷惑，尤其是地产商的侄女，更是对他迷恋得不能自拔。她谎称地产商的女儿已经订婚，年轻人失去了奔头，只好卷走母亲仅有的一点儿首饰和地产商的侄女私奔了。

年轻人的母亲发现儿子不见了，跑到地产商家大吵大闹，年轻人的真正身份这才真相大白。地产商担心侄女私奔的事情会影响到自己女儿的名声，只好把他们找回来，出钱为他们举办婚礼。

这部剧上演之后，杨绛的大名一下子火遍了整个剧坛。演员们甚至纷纷以演杨绛创作的剧为荣，还专门联名写来感谢信。

父亲也专程到剧场来看《弄假成真》，听到现场观众频频爆发出的笑声，父亲忍不住脸上挂着骄傲的神色，一连声地对杨绛说着"憨哉！"

紧随其后，杨绛又创作了《游戏人间》和《风絮》两部剧本，并且先后在剧院中上演。一连几部剧的上演让杨绛成了上海剧坛的名人，也被剧团当成了贵宾。频繁有同行请她看戏，只要杨绛去看戏，第五排中间最好的位子一定都会留给她。

起初钱锺书还陪着杨绛一块儿去看戏，可是人们总是热情地招待杨绛，忽略了在一旁的钱锺书，他的心里有些不是滋味，便不再陪杨绛一同去看戏。杨绛理解钱锺书的不快，可是同行邀请又不好拒绝，于是每次看戏之前先把饭做好，然后再出门看戏。

活得是否快乐，都由自己决定。有时候对别人多一些理解，内心的苦闷似乎也就排解了一些。其实，每一天的生活都不会原封不动地照搬昨天，往往是你虚度了光阴，光阴才会把你晾在一旁。

敷衍生活，就是在敷衍生命，如此循环往复，活着的意义也就变成了一片虚无。期盼"黎明"的到来，成为杨绛最大的生活动力之一。被侵略的日子，每一天都仿佛深陷绝望之中，可是杨绛把绝望当成了希望，正因为失去了太多的欢乐，才迫切期盼早日能够找回久违的笑声。

在上海，有许多朋友和杨绛一样都在苦苦等待日本人败退的那一天。他们常常在夜晚聚在傅雷家，或是分析当前的局势，或者说一些与战争无关的轻松话题，只有这样，漫漫的长夜才不算难熬，每次相互鼓励、相互温暖之后，就会感觉头顶的天似乎亮了一些。

用"空杯"的心态去迎接生活，每一天都能收获到全新的内容。昔日里取得的任何成绩都不值得满足，去聆听人生中全新的乐章，生活才会变得精彩。

剧作家李健吾对杨绛创作的戏剧有过极高的评价，他说："假如中国有喜剧，真正的风俗喜剧，从现代中国生活提炼出来的道地喜剧……《弄假成真》将是第二道里程碑，第一道里程碑属于丁西林，人所共知，第二道我将欢欢喜喜地指出，乃是杨绛女士。"

杨绛自己却始终保持着谦虚和理性的态度，她觉得自己只不过是戏剧界的一个"学徒"，她创作出来的剧本，不过是"学徒的习作"。真正精彩的是演员的演绎，是他们赋予了剧本生命与活力。

她甚至直白地告诉大家，她创作剧本，有一部分原因是为了改善家里的生活。乐观的精神改变不了贫苦的现状，自从有了创作剧本的工作，许久没有吃到肉的圆圆才终于品尝到了肉香。

杨绛不是诗人，却有一颗诗人般的心，去品味生活的滋味，无论酸甜苦辣，都用一颗细腻敏感的心去好好体会。她可以从春日发芽的小草中感受到生命的力量，从夏日绽放的第一朵花蕾中感受到生命的美丽，从秋日的硕果中感受到生命的喜悦，从冬日皑皑的白雪里感受到生命的纯净。

就像古希腊哲学家赫拉克利特说的那样:"太阳每天都是新的。"新的太阳,终将照耀出新的生活。每一寸阳光都有着不同的温度,生活中的每一天都应该充满希望,就像太阳每一天都会照常升起。

最珍贵的东西，都藏在寻常时光里

究竟什么才是女人的追求？是完美的爱情、丰富的物质、显赫的地位，还是健康的身体？可以肯定，每一个人对于心中的追求都有着不同的定义。更加可以肯定的是，幸福，是每一个女人终其一生都不会改变的追求。

并不是每个女人都懂得从寻常的光阴里去寻找幸福，这需要在岁月的流逝中打磨身上的棱角，这也是一种自我升华的过程。懂得永远面带微笑的女人才是智慧的，无论人生赋予了怎样的际遇，有智慧的女人，灵魂中才会散发出女人独有的香气。

你可以不甘于平凡，但一定要学会从平凡的生活中抓住幸福的点滴。杨绛就是一个将平凡的生活当成最大快乐的女人，她甚至承认自己当初尝试创作戏剧的动机，不是为了成名，而是为了改善家里的生活。

在日寇铁蹄践踏下的上海，大多数老百姓的生活陷入水深火热当中。即便勉强可以维持正常的生活，也几乎是"三月不知肉滋味"。杨绛就是在这种情况下辞去了小学教员的工作，因为日本人已经成了学校的掌管者，她不允许自己为侵略自己祖国的人服务。

创作剧本得到的收入，至少可以让家里拮据的生活得到一些改善。从《称心如意》中得到的收入，杨绛请朋友在饭馆吃了一顿并不算丰盛的饭之后，剩下的钱只够一家人吃一顿酱鸡酱肉。

这一点点改善实在不足以改变战争岁月中的苦涩，就连圆圆这样的小人儿都没有一次性解馋，吃过了肉还想吃，却已经没有了。

岁月本身就是一个账簿，它记录下人生一路走来的幸福、悲伤与感动，当年迈之后从头翻阅，这本账簿也就是对人一生的总结。想要让自己的岁月账簿中记录下更多的幸福，就要懂得在岁月的磨炼中让自己成为内外兼修的女人。女人的魅力，永远由内而外缓缓散发，自立与自爱，是让内心变得柔软而又强大起来最重要的基础。

对魅力的打磨，要从生活中的每一个细节做起。无论是季节的变迁，还是生活中的琐事，美好，就悄悄隐藏在其中。哪怕不能将全部的美好统统收获，至少能让内心变得淡然和真挚。

杨绛不仅懂得自立和自爱，更拥有甘于奉献的精神。在她的心中，钱锺书的才华远远超过自己，为了让钱锺书的才华得到展现，她甘愿让自己沦为"灶下婢"。

自从钱锺书想要创作《围城》，杨绛就主动提出让钱锺书减少授课的时间，收入减少了，就不再聘请女佣，杨绛一个人承担下所有家务。从小到大，杨绛虽不至于"十指不沾阳春水"，至少也是在父母的宠爱和用人的照顾下长大。在国外留学期间虽然已经学会了洗衣做饭，可外国的生活方式和国内截然不同，当下，杨绛要从劈柴、生火开始学起。

学习家务也是一个痛苦的过程，生火是一件需要掌握技巧的事情，一开始，杨绛总是被炉子里冒出的烟呛得咳嗽、流泪不止，好不容易点燃了炉子，脸已经被熏成了花脸。

国内的炉子大多烧煤，然而在战争时期，日本人对百姓的生活物资供应本就十分不足，随着日军在战场上连连失利，疯狂的日本人更加紧了搜刮百姓的程度，煤厂大多数时间都处于断货状态，好不容易有煤，也不够分配。杨绛只好自己学着做煤饼，在煤末子里掺上不多不少的煤灰和水，不怕脏地把胳膊伸进黑黑的湿煤里，做出的煤饼烧起来比只烧煤要省许多。

百姓能买到的粮食，里面都掺杂着沙子，杨绛每次做饭都要用小镊子仔细地把沙子挑干净，比起切菜割破手指，和做菜的时候被溅起的热油烫出泡，挑沙子的步骤简直是九牛一毛。

杨绛就是这样一种女人，因为知道生活的艰辛，所以不会怨天尤人。将简单的生活过得有滋有味，哪怕是做家务，也会当作一份重要的事业来经营。

她从不将自己当作生活的主宰,更不把自己当成世界的中心,为了心爱的人,她愿意心甘情愿地付出,一句温暖的话语,就足以被她当成温暖的回馈。

钱锺书心疼杨绛,她要洗一家三口和婆婆的衣服,钱锺书就偷偷躲在卫生间洗自己的衣服,想要为杨绛减轻一些工作。可是因为洗不干净,杨绛往往还要重新洗一次,但她丝毫不觉得麻烦,反而因为钱锺书对自己的关心而感到安慰。

做家务的空隙,杨绛还要抽时间来进行剧本的创作,就是在担任"灶下婢"的那段时间,爱情悲剧《风絮》在杨绛笔下成型。

知书达理、办事稳妥的杨绛,是所有长辈欣赏的媳妇。婶婶最喜欢杨绛,有事情都喜欢委托她去办理,尤其是看到杨绛在剧坛已经大有名气之后,还能忘记自己千金小姐的出身,照样手拿锅铲在厨房忙来忙去,婶婶更加称赞她"上得厅堂,下得厨房,入水能游,出水能跳",还一个劲儿地夸钱锺书是个有福气的人。

杨绛曾说:"抗战期间,最深刻的体会是吃苦孕育智慧、磨炼人品。"杨绛在穷困的生活中学会了许多从前从来不曾做过的事情,她学会了用缝纫机缝制衣服,见缝插针地做家务,更学会了一切隐忍,就像她说的:"后来在单位被轻视,被排挤,我披上隐身衣,一切含忍,也是抗战时练下的功夫。"

她的人生从来不为昨天而活,更不对变幻莫测的明天寄予不切实际的幻想。当下的一刻,才是真正的人生,她将自己的内心磨炼得坚强,让自己变得宽容,从文字中升华内涵,每一刻都坚信美好的事情一定会发生。

最美的人生永远都是当下,就像春天就会芬芳,夏天就会茂盛,秋天就会收获,冬天就会晶莹。每一个季节都不会羡慕另一个季节的美好,自己的人生,也没有必要对他人的人生一味地羡慕。

杨绛的人生并不是没有遗憾,她遗憾母亲和父亲临终前,自己都没有来得及见到最后一面,更遗憾父亲没有再多坚持几天,亲眼见证抗战胜利的那一刻。

对杨绛来说,抗战胜利之前那段岁月,是最痛苦难熬的时刻。每个人每一天都活在深深的恐惧当中,不知道在战争中屡屡失败的日军会做出怎样疯狂的行动。

几乎每个晚上,杨绛都会听到汽车鸣着警笛呼啸而过,日本人的大皮靴踩在空旷的街道上,发出让人揪心的声音。这些声音代表又有人被日本人抓走,虽然杨绛心里做好了充足的思想准备,却依然没有想到日本人这么快就会找到自己头上。

当日本人上门时,杨绛还像平时一样在厨房里忙碌,她借口上楼去倒茶,用最快的速度把钱锺书的《谈艺录》手稿藏好。叔叔看见日本人的小本子上写着杨绛的名字,偷偷示意她到邻居家躲一躲。

聪明的杨绛马上明白,在邻居家躲了一会儿,表弟就上门来找,说杨绛不回去,日本人就不肯走。杨绛向邻居借了一篮子鸡蛋,假装是从外面买回来的,挎着篮子回到家里,谈笑风生地应对日本人的问话,大大方方地要跟日本人走。

也许是杨绛的坦然让日本人打消了疑心,他告诉杨绛第二天去日本宪兵司令部一趟。那一夜,钱锺书担心得整夜没有合眼,杨绛反而睡得比任何时候都要安稳。第二天,杨绛只填了几张表格就被放了回来。原来一切都是误会,日本人找错人了。

冷静,是女人最大的魅力之一,也是打败一切困难的法宝。如果将人生比作一场棋局,只有冷静的人才不至于"一招不慎,满盘皆输"。

冷静可以蔓延出机智和勇敢,处变不惊才能保持头脑的清醒。冷静可能是一种天赋,也可以从生活中磨炼和修养。在日本人最后的轰炸里,杨绛反而哪里也不逃,只和钱锺书带着女儿躲在楼梯下面,紧紧相拥。她知道,日本人的行为越是疯狂,离失败也就不远了。

果然就像杨绛预料的那样,1945年8月15日,日本正式宣告投降。在中国上空萦绕了整整十四年的阴霾终于散去,在渐渐恢复正轨的生活中,杨绛悄悄摘下了自己"剧作家"的头衔,安心地让自己成为"钱锺书的夫人"。

钱锺书牢记着杨绛所有的好,当他的第一本集子《写在人生边上》出版印刷之前,他特意郑重地在赠书页上写下"赠予季康"。因为这本集子里的所有文字都由杨绛独自挑选、编订，当时钱锺书还在遥远的地方教学。

杨绛永远把钱锺书的手稿视作珍宝，在炮火中，她把钱锺书的许多手稿抄录了一份，分成两处保管，才让这些珍贵的文字没有在战争中沦为灰烬。在钱锺书的短篇小说集《人·兽·鬼》的赠书页上，钱锺书又写下一段话：

赠予杨季康

绝无仅有的结合了各不相容的三者：妻子、情人、朋友。

这是一位丈夫对妻子最大的褒奖，能让丈夫将自己当成终生的朋友，足以见得岁月赋予的修养，已经让杨绛成为最有魅力的女人。

钱锺书曾经读到一位英国作家关于自己妻子的评价："我见到她之前，从未想到要结婚；我娶了她几十年来，从未后悔娶她；也从未想要娶别的女人。"读过这句话，钱锺书告诉杨绛："我和他一样。"

高尚的灵魂、善良的内心、优雅的谈吐，让杨绛足以抵挡光阴对容颜的摧毁，她身上永恒的美丽不靠光鲜的外表、名贵的首饰，只靠灵魂中缓缓散发出的纯净韵味，淡雅得让人想一辈子捧在手心。

杨绛的种种好处已经完全征服了钱锺书，在朋友面前，他是一个有"誉妻癖"的人，别人夸奖杨绛，钱锺书也从不谦虚否定，自己更是能脱口而出杨绛的各种好处。

每次在朋友面前夸奖杨绛，钱锺书的脸上都带着自豪而又幸福的神情。他说，在《称心如意》上演之后，杨绛一下子成为著名剧作家，可还是像平时一样洗衣做饭，照顾生病的钱锺书；他还说，日本人来抓她，她也毫不慌乱，在匆忙中还能把钱锺书的手稿藏好，身为女子，比他这个男人还要冷静；他又说，家里的用人弄洒了煤油，点火之后，火苗一下子窜到了房顶，差点点燃不远处的一堆干柴。钱锺书和圆圆手足无措，只会喊杨绛。杨绛冷静地拿起旁边的一个尿罐，朝着火苗扣了下去，一下子就止住了火，再用炉灰一扑，小火苗就全部熄灭。

其实，不用钱锺书说，大家都知道杨绛是个懂事的妻子。教育部组织钱锺书等人去台湾参观，其他团员的夫人都争吵着要去，让这些先生十分为难。唯有钱锺书一个人轻轻松松，因为杨绛主动提出不去，让钱锺书在众人面前得了好大的面子。

生活不止眼前的苟且，在时光的打磨里，杨绛始终保持着一颗本心，最终也将自己雕琢成了令人惊艳的珍宝。她将大部分的精力都用在照顾钱锺书和圆圆身上。圆圆身体不好，一上学就生病，患上骨结核，只能卧床休养。杨绛一面照顾圆圆，一面还要为她补习落下的功课，虽然几乎没有上过小学，但病愈的圆圆在杨绛的辅导下，一下子就考上了中学。

当婆婆看到圆圆和钱锺书都胖了，唯有杨绛一个人瘦弱的时候，破天荒地对杨绛说了一句："喜欢吃什么，买点吃吃。"一向朴实的婆婆最瞧不起贪嘴的女人，足以见得这样一句叮咛，是对杨绛的付出有着多大的认可。

女人就像一本书，无论封面多么诱人，只有丰富的内容才值得让人仔细去阅读。灵魂中散发着书香的女人，更让人长久地留恋，似乎每一次品读，都能读出截然不同的滋味，越读越美妙。

没有人可以阻止岁月的流逝，也没有人可以凝固住青春的容颜。有韵味的女人，周身的香气会随着年龄的增长而越发浓郁，容颜的美丽可以终结，内心的优雅却永远不会消逝。

第六章

你只是读书少而想得太多

蜕变就是对一个人意志的磨炼，只有经历过痛苦，才能从人群中脱颖而出。有句话说"舒服是给死人准备的"，虽然不好听，却也道出了一个真理。在蜕变的过程中，杨绛的气度变得越来越优雅。她不争不抢，静默处世，摒弃着世间的虚幻，体味着自己的人性。对于美好的事物，她渴望却不强求，送上门来的，斟酌之后坦然接受；远在天边的，她默默欣赏却不奢望拥有。

未知人生的独特魅力

　　人生苦短，纵然百年，不过稍纵即逝。种种缘分，凝聚成亲情、爱情、友情，遇到的那些美好的人、美好的事，有多少，你可以坦然承认，曾经珍惜？

　　有人将人生当作一场赌注，却忘记了去珍惜每一段让自己动心的际遇。杨绛是个懂得珍惜的人，对待钱锺书是这样，对待生命赋予自己的每一段人生，也是这样。此刻让她珍惜的，是自己的祖国。

　　当解放战争进行到后期，许多知识分子，纷纷选择了离去。离开自己生长的故土，去追求一段未知的人生。在他们的心目中，未知，代表着美好。

　　在诸多漫无边际的传言中，杨绛和钱锺书轻轻拨开了层层迷雾，偏偏选择了令人意想不到的留下来。曾经有太多离开的机会主动呈现在他们的面前，种种带着眩目光环的头衔等待着他们去摘取，有人许给他们教授的身份；更有人许给他们联合国教科文组织的职务；甚至还有人承诺，一旦他们决定就任，将派来专用的车厢运输他们的书籍和行李。然而他们丝毫没有动心，哪怕如今的祖国正在以残缺的身躯苦苦挣扎在动荡的局面当中，他们依然将祖国的文字和文化当作一生的热爱。

杨绛微笑着送别了一个又一个选择离去的好友，也想到了留下来将要面对的一切残酷的现实，在钱锺书坚定眼神的陪伴下，铁了心终身与这片残破却依然美好的故土为伴。

他们手头有一笔数额不少的金圆券，那是钱锺书为摄影家郎静山的摄影展览翻译标题获得的收入。无论是决定留下来还是离开的人们，纷纷把这些日渐贬值的金圆券换成黄金保值。杨绛和钱锺书简单商量一下，决定潇洒地充一次"阔佬"，用这笔钱去感受祖国的大好河山。

这真的是一次说走就走的旅行，与其对未来猜测与恐惧，不如乐在当下更值得珍惜。这是杨绛与钱锺书婚后的第一次旅行，因为决定将圆圆留在家里，这次旅行也就变成了夫妻二人的"蜜月"之旅。旅行的地点，就选在了与苏州并称为"天堂"的杭州。

虽然杨绛曾经在十七岁时跟随学校来杭州旅行过，可是只要一想到和最爱的人奔赴美丽的"天堂"，她依然禁不住一阵阵心动。把握幸福，其实就是把握住心动的刹那，一旦犹豫，那美好而真挚的悸动也就稍纵即逝，也许以后也再难为同一件事情动心。

去见识一下杭州的美景，是杨绛和钱锺书在战争最惨烈的时刻共同许下的心愿，就像钱锺书在登上开往杭州的列车那一刻说的那样："四年夙愿，今日始偿。"

都说金钱无法买来真正的快乐，然而当真正的快乐轻轻叩响门扉，杨绛不惜为这份快乐投掷下大把金钱。杨绛选择住在杭州最出名的大华饭店，那里风景优美，服务周到，几乎天天客满，想要住在这里的旅客往往面对着"客满"的牌子遗憾而归，杨绛便早早地托人预定到了一间客房。

金钱不过是身外之物，为了守住这些无法带到另外一个世界的财富，错过已经在面前清晰地展露出一角的幸福，只能给自己留下后悔和遗憾。

于是，杨绛决定享受当下，住最好的旅店，看最美的景致，吃最好的美食。虽不至于一掷千金，但在杭州最好的饭店"楼外楼"用餐之后，钱锺书还是被街上乞讨的孩童称为"上海大老爷"。杨绛莞尔一笑，孩童的一句戏称，改变不了她"百姓"的身份，她早已决定一辈子生活在百姓当中，也决定与前途未知的祖国共进退。公道在自己心中，别人口中的言语，索性就让它化作一阵风，从耳畔拂过，撼动不了心神。

最让杨绛动心的，依然是杭州的湖光山色。她居住的饭店后面，就是一处观湖的最佳地点。她不只看景，也爱看人，看年轻的男女带着羞怯的神情牵手漫步于湖畔，不禁勾起她自己关于恋爱时光的美好回忆。

原来美景能使人动情果然不假，西湖的一汪春水，任何画笔都无法完全勾勒出它的美好，钱锺书在一旁忙着用诗文记录下沿途的所感，杨绛则将眼前的一切美好默默收藏在心中。

享受当下，也是一种珍惜。珍惜让自己动心的一切事物，也是对自己的一场美丽救赎。每一个今天，都是未来再也回不去的昨天，你若珍惜，它便美好；你若虚度，它便荒废。

于是，杨绛没有停止自己搜寻美好的脚步，无论是湖是山，甚至是远近闻名的寺庙，她都要拉上钱锺书，亲自去观赏一番。

她的心中收藏了西湖的潺潺水波，收藏了玉皇山掩映在松竹间的樱花怒放，又收藏了钱塘江大桥下的八卦田。杭州的九溪十八涧，留下了杨绛和钱锺书的足迹，钱锺书随身携带的本子上，也记满了有关这次出游的美好辞章。

在忧伤中偷得一丝快乐，似乎比单纯的快乐更值得人动容。畅游美景之余，杨绛也为那些因为战乱而无家可归，只能寄宿在寺庙中的学生唏嘘感叹，却也因为体力不支，必须乘坐轿子才能翻山越岭，遭遇了周遭游人的冷嘲热讽和白眼。杨绛成了乞丐口中的"轿子太太"，也成了那些不明真相的人眼中的"资本家"，杨绛有些窘迫，却也有些无奈，依然将这些话语当作一股吹乱了方向的风，没有必要去刻意澄清，自己其实和他们都站在一条统一的战线上。

最值得珍惜的，就是幸福拨节的声响。太多的美好就像时间一样，总是不经意间从指缝中悄悄溜走，只有当回头望去时，才想起感叹有多少美好被自己遗落在风中。都说花能重开，可明日绽放的花蕾，真的与昨天毫无二致吗？就像三十岁时得到了三岁时最想要的娃娃，真的还会像当年一样快乐不已吗？

为了不留遗憾，杨绛选择珍惜当下。尽管有时体力不支，也尽可能地攀登上最高的山，走过最险峻的路。看到美景的那一刻，一切的疲累都会一扫而空。虽然明知道回到现实中又要面对不知何时才能散尽的黑暗，至少不让自己的回忆中，满满记录下遗憾。

岁月流过无声，踏过却必然有痕。每一次相遇都是缘分使然，杨绛也把与杭州的重逢当作一种缘分。钱的意义不仅在于享受美好的人生，更在于帮助他人。当遇到前来募捐的流亡学生，杨绛二话不说将钱包中的部分现金投入了募捐箱。

懂得帮助他人，才能更坦然地欣赏更多的美好，面前的湖光山色似乎变得更加秀美，这也源于内心的纯净。

寺庙是一个能够体察人心、更能体察人情的地方。杨绛感慨岳王祠的香火鼎盛，更感叹五夫人殿的冷清。善男信女们逢神必拜，祈求生活的如意美好，杨绛却知道，一味地祈求，不如努力争取，美好才能牢牢地握在手中。

唯有路过月下老人祠时，钱锺书不惜用四千元金圆券买下了全份的签诗，这不仅是对签诗中内容的欣赏，更是因为感谢月下老人在他和杨绛的手腕上系上了缘分的红线。

杭州的美景疏散了杨绛心头关于战争的忧虑,也终于带着她冲破了无边的黑暗,迎来了黎明的曙光。回到上海之后不久,一场解放的战争终于打响。杨绛一家三口趴在地板上躲避从窗口射进来的流弹,心中却满含着胜利即将到来的甜蜜。

乐观的人总是能拥有更多的好运,当太阳刚刚在地平线上投射下第一缕曙光,胜利的号角也终于吹响。这代表着全部上海百姓渴望了许久的解放终于到来,看到因为疲累过度躺在潮湿的人行道上休息的解放军战士,杨绛的心中除了感谢,更多的是对这些孩子们的心疼。

原来共产党不像传言中那样可怕,他们是有着浓厚人情味的一支部队。战争胜利之后,杨绛亲眼见到他们没有冲到店铺中去抢夺美味的蛋糕,而是掏出口袋里仅有的钱,买来一支冰棍,几个人轮流吃。

生活又重新铺陈开本应有的美好模样,也许是长久以来紧绷着的一根弦终于松懈,杨绛竟然得了一场大病,并且久久没有康复的迹象。

上海解放后,杨绛的工作压力已经缓解了许多,只在震旦女子文理学院教几门课,又重新聘请了保姆料理家中的琐事,可是病情就是不见起色,时常发烧,体重每天都在减轻,医院却查不出任何原因。

钱锺书想着,也许换一方水土会让杨绛的身体渐渐好转起来，正好母校清华大学向他们抛出了橄榄枝，于是，两人决定奔赴生命中的又一场远行。这次远行，是回到他们缘分开始的地方，水木清华承载了他们太多的留恋，也即将带给他们一段崭新的人生。

一切都是最好的安排，杨绛心中虽然留恋故土，却也知道，清华才是真正让她动心的一座校园。她在仓促间打点着远行的行囊，遗憾的是钱锺书已经写了两万字的《百合心》手稿，和父亲留下的一些遗物在忙乱中被遗失。

些许的遗憾没有让杨绛丧失掉对未来的美好憧憬，她把一些贵重的物品缝在了圆圆最爱的娃娃的肚子里，懂事的圆圆一路抱紧了娃娃，和爸爸妈妈一起踏上前往北平的旅程。

重返清华，杨绛不是没有失望。曾经的一方净土，早已在连年的战乱中改变了模样。曾经被浓重的文化气息缭绕的校园建筑，在炮火中变得残破不堪，简单的修缮之后不仅没有恢复原貌，反而像全身包扎着绷带的伤员一样让人心痛。

杨绛最喜欢的图书馆变成了一个臭烘烘的所在，曾经信步徜徉在校园间如同快乐的小鹿一般的女学生们，个个被臃肿的黄布大棉袄包裹着身体。这不是杨绛记忆中女大学生应该有的样子，更让她难过的是，上课似乎成了一项可有可无的事情，人们对于知识的渴望，远远不如参加各种会议和运动来得迫切。

一家三口被校方分配好了住宅，因为一户要住两家，隔断还没有打好，杨绛和钱锺书只好带着女儿暂时居住在工字厅西面的一间客房里。这是一间久无人住的房间，不仅破烂不堪，因为堆积的杂物堵住了门，一家人只能从窗户跳进跳出。

老鼠和他们共同享用这间房间，肆虐的冷风也从每一个缝隙钻进来，分享好不容易积累起的一丝温暖。

学校制度规定，夫妻二人不能同时担任学校的正教授，杨绛索性就做兼职教授，因为令她动心的不是罩在头顶的光环，而是能重新与学问做最亲密的接触。

自称"散工"的杨绛，没有想到兼职教授的身份还能带来意外的惊喜，因为不是正教授，可以不用参加许多烦琐的会议；因为不是家庭妇女，也不用参加各种各样的妇女学习。省下来的时间，杨绛可以做自己想做的事情，比如读书，这是她一生都不愿放弃的爱好。

杨绛珍惜每一份回忆，无论是甜蜜或是痛苦。也珍惜生命向自己敞开的每一个怀抱，将活着的每一刻当作自己快乐的源泉。顺其自然，真心实意地对待每一天，人生之路会在不知不觉间越走越宽。

虽然逃避那些名目繁多、实则是在浪费时间的会议，杨绛却从不会对自己教的课程敷衍了事。只要是校方派下来的工作，她都能认真完成，报酬少，她不在乎；付出多，她当作是自己的收获。即便如此，她依然谦虚地说自己是"学教"，学一门，教一门，可是她教的小说选读，虽然是当时最"危险"的三大科目之一，依然坐满了前来听课的学生。

杨绛珍惜自己授课的每一分钟,也珍惜讲台下坐着的每一个学生。这些都是最令她心动的美好。人生变幻莫测,她不知道明天将会发生什么,有怎样的事情等待着她去面对,然而无论日子是苦是甜,她都真心对待,用珍惜换来生命中的感动。

让普通的时光生动有味

都说兴趣是最好的老师,其实也是对生活最好的调剂。有兴趣的人,更能享受到生活中的甜蜜,一不留神,还能带来成功的喜悦。

杨绛向来将自己归于普通百姓中的一员,可是因为对文字始终抱有极大的兴趣,让她这个"普通人"渐渐变得不再平凡。

自幼从父母身上学到的生活态度,让她懂得笑对生活中的一切困难,从文字中汲取的力量,更让她学会了不轻易悲伤,无论世事如何艰险,也从不沮丧,从不抱怨。

似乎找到了生活中的兴趣,也就找寻到了快乐的源泉。书中有一个未知的世界,杨绛如一个刚出生的孩童一般,始终对那个新奇的世界,张开着一双探索的双眼。

读书是杨绛在教课之余最大的消遣,她用一个旁观者的角度,感悟着每一本书中主人公的人生。她向来喜欢阅读外国小说,一次偶然间读到一本西班牙名著《托美思河的小拉撒路》,杨绛一下子就喜欢上了这本书中对人性的描述,她开始想要将书中的主人公当作反面教材分享给更多的中国人。

她读的这本书是英文译本,于是,杨绛开始认真地一字一句地将这本著作翻译成中文。她并没有打算从这本书中收获任何名利,只是将翻译当作工作和读书之余的另一个兴趣,聊以安慰已经贫乏到不能再贫乏的生活。

兴趣中,往往交融着幸福与快乐,每翻译一个字,都是杨绛用心编织快乐的过程。因此,光是书名,她就斟酌了许久。

"拉撒路"是《圣经》中的典故,是对乞丐和叫花子的统称,可是"拉撒路"三个字显然不够接"地气",杨绛思索了许久,决定索性就把书名翻译成《小癞子》,虽然与"小拉撒路"的含义相同,可是中国人一听就知道这本书讲的是"泼皮无赖"的故事。

兴趣,是一双通往智慧殿堂的翅膀,它在悄然间带来诸多受益,也会于无意中玩出一些名堂。

出于兴趣,《小癞子》的故事演化成中文,在杨绛的笔端缓缓流淌。她用一个中国人的视角与语气,讲述着这个卑贱的穷苦孩子的故事,杨绛仿佛亲眼见证着小癞子伺候一个又一个主人,做着一件又一件卑贱的工作。

对于小癞子来说,一个最低贱的公差,就已经让他头顶着"为皇家效力"的光环,只要能够与有钱人为伍,让他吃饱穿暖,攒下养老的本钱,哪怕眼看着自己的妻子与神父搞在一起,也能和谐相处。

愚蠢可欺的小癞子,是当时的西班牙社会底层最肮脏角落的一个缩影。这本书不仅仅是在通过一个简单的故事博得世人一笑,其中深远的意味,更值得世人仔细地品味与揣摩。

如果说《小癞子》的原作者是一位讲故事的能手,杨绛更是用她与生俱来的活泼与幽默感,为小癞子赋予了一个全新的生命。

人们从杨绛的笔下读到的故事,仿佛是在亲耳听小癞子不疾不徐地讲述他悲惨而又可笑的人生,书中没有晦涩难懂的书面语言,满满的都是俏皮却又不失真实的语气,因此,只要打开这本书的扉页,人们就会爱上杨绛的文笔。

杨绛并没有想到自己这样一个打发寂寞时光的兴趣,竟然能够获得出版社的青睐。《小癞子》翻译完成之后,很快就变成了铅字,出现在各大书店的书架上,一时间,抢购《小癞子》成了爱好阅读的人中的一种风潮。

虽然《小癞子》自从出版之后被重印了许多次,可是杨绛依然觉得,按照英文译本翻译西班牙名著,似乎是走了一条弯路,她又尝试着按照法文译本翻译了一遍,依然觉得距离西班牙原文有一些差距,于是她决定自学西班牙文,按照原著翻译,终于贴近了原作者的灵魂,也更加还原了《小癞子》的真实味道。

这就是兴趣的力量,如果是为了谋取名利,杨绛绝不会浪费大量的时间和精力,一遍又一遍地按照不同国家的文字翻译同一本文学作品。可是翻译已经成了她不愿割舍的一种兴趣,这双翅膀能带着她飞越国界,到一个从未踏足的领土饱览当地的风土人情。

每一本书都能打开一个全新的世界,面对每一本书中的世界,读书的人都可以像刚刚出生的婴儿一样兴致勃勃。不仅读书,任何一种兴趣,都可以把人变成上帝的宠儿,只要投入精力与好奇心,就能脱胎换骨成为一个优秀的个体。

写作一直是杨绛不曾放弃的兴趣,翻译过《小癞子》,她似乎又重新打开了封闭已久的灵感闸门,一部名叫《小阳春》的小说在头脑中酝酿了一段时间,终于决定落笔。

对文字的兴趣,让杨绛进入了一段创作的鼎盛时期,也正因为对文字创作有着浓厚的兴趣,让她一落笔,便诞生一部佳作。

杨绛的创作灵感依然来自普通人的生活百态,这一次,她将创作之笔落在了一名爱上有家室的教授的女大学生身上。

二十岁出头的胡若蕖正在经历人生中最美好的年华,青春貌美而又聪明好学的她,却偏偏爱上了已经四十岁,且为人夫又为人父的教授俞斌博士。俞斌从未打算为了胡若蕖放弃自己的家庭,只是贪恋与她在一起的时光,可以让自己感觉重回年轻。于是,胡若蕖并不算白皙的皮肤,在俞斌眼里也变成了"黑得静、软、暖和,像一朵堆绒的墨红洋玫瑰花苞儿"。

从胡若蕖的身上,俞斌能感受到触电般的快感,如梦似幻般的人生让他陶醉,他也变得更加年轻而有诗意。他们的感情并未挑明,却借由"稿件"传递着对彼此的爱慕之情。可是他们往来的信件无意间被俞太太发现,还没等到她报复,俞斌和胡若蕖已在阴错阳差之间分手了。

杨绛把这段见不得光的恋爱比作"十月小阳春,已在一瞬间过去"。就像她在文字中写的那样:"时光不愿意老,回光返照地还挣扎出几个春天,可是到底不是春天了。"

她把《小阳春》的故事布局得细腻而又动人,轻松而又发人深省。看似喜剧,实则悲哀,笑过之后,又会陷入深深的惆怅。

杨绛把兴趣变成了一门艺术,让自己一门心思投入兴趣当中时,她没有想过万一做不好怎么办,也没有想过做这些事情究竟有什么用。简单的尝试就可以获得无尽的乐趣,而那些对任何事情都不抱有兴趣的人,不愿尝试,不愿投入,虽然失败得少,却只能单调重复地度过无味的人生。

不愿在生活中发现兴趣的人,总是用各种理由拒绝着一切事物,仿佛是担忧的情绪在他们面前树立起了一道无形的墙,墙的那头是快乐,虽然眼睁睁地看着,却就是触摸不到,更无法融入其中。

不投入的下场,就是无趣。杨绛不是被强迫着读书、创作、翻译,因此永远让自己身处欢乐的怀抱当中。似乎每一次开启一个全新的兴趣,就能在无意中收获一次成功。

《小阳春》在《文艺复兴》上发表之后,又在读者中引发了一次不小的轰动。不过,层出不穷的政治运动铺天盖地席卷而来,杨绛不得不暂时停止了文学创作,这也让她在未来的遭遇中,避免了许多不必要的麻烦。

不过,杨绛把自己对生活的兴趣遗传给了女儿圆圆,这个十几岁的女孩正处在无忧无虑的年纪,身边的一切事物都让她感到新奇。因为体弱,杨绛决定让圆圆暂时休学,由自己和钱锺书亲自辅导她初中的课程,将来直接报考高中。

这样让圆圆有了更多探索世界的时间,每天只要跟着爸爸学习英语,阅读英文课文,用英文练习写作,再跟着妈妈学习数学、几何、理化的知识,写上几篇毛笔字,一天的课业就算全部完成了。剩下的时间,就交给她自己支配。她将大部分的课余时光都用来徜徉在清华的校园里。

她像爸爸妈妈一样喜欢在生活中"探险",走遍了校园的每一个角落,并从此在心中认定,"水木清华是世界上最美丽的地方"。

杨绛暂时搁置了自己最感兴趣的创作,却丝毫没有把精力投入到政治运动上面。因为政治是她最不感兴趣的事情,更从不肯说一句有关政治的话。热衷参与政治运动的女性,虽然还没有统一着装,却已经穿得越来越简朴,杨绛依然穿着讲究的旗袍,听到别人想要"改造"自己的玩笑话,也只是不置可否地淡然一笑。

交友也是杨绛的兴趣,单纯的钱锺书有时会不经意地得罪人,杨绛就不着痕迹地带着钱锺书到对方家里做客,谈笑间将微妙的关系重新修补好。钱锺书养的小猫和林徽因家的猫打架,钱锺书就举着竹竿为自家的小猫加油助阵,杨绛一面笑钱锺书的孩子气,一面偷偷庆幸林徽因没有看到这一幕,免得伤了彼此的和气。

对生活时刻抱有兴趣,也就对生活充满了激情,因为热爱,生活才能变得美好。想见的人就马上去见,想说的话就马上就说,想吃的东西就马上去吃,永远不要想着明天和改天,因为没有人知道明天究竟有多远,改天究竟是哪一天。

生活之所以值得人去热爱,就是因为它有悲有喜,经历了人生的五味,才能骄傲地说自己有过丰富的人生。

杨绛把自己的种种经历在内心中沉淀,这些沉淀下来的往事,又时刻激发着她对生活的热情。身边的每一个人,都被杨绛对生活的热情感染着,他们也将这份热情孕育成温暖,回馈给杨绛。

住在附近的邻居都把杨绛当作家人对待,从不向别人倾诉的心里话,在杨绛面前可以毫无顾虑地说出来。这些温暖体现在许多不经意的小事上,一年冬天,两个邻居同时告诉杨绛,自己替她做好了过冬的腌菜,每人做了二十斤,整整四十斤的腌菜,杨绛一家一个冬天都吃不完。

将好好生活当作最大的兴趣,生活必将回馈给你更加广阔的场景。没有人愿意让自己的生活如一潭死水一般毫无波澜，唯有调动起自己对生活的激情，人生才会向一个良性的循环靠拢。

因为杨绛懂得善待他人，人们也就更加善待杨绛，从他人的怀抱中汲取温暖，杨绛再用来去温暖更多的人。

当时的社会，处处以苏联为尊，学校对苏联来的教员处处礼遇，月薪也比其他教员高出许多。许多教员心生不满，杨绛和钱锺书共同的老师温德，也因为这件事情闹起了情绪。

对于这位中国的老知识分子，杨绛心中有着无限的崇敬。她和钱锺书亲自登门安慰老师，宽慰他不要和苏联教员比，只和她比就好。几句话说得温德十分舒心，对杨绛倾诉了许多心中的苦闷，打开了情感的闸门，让苦水一股脑儿地流出来，心中也就舒畅了许多。

听说温德很久没有吃过鸡，杨绛就趁着他生日那一天，专门炖了鸡，请老师到家里来吃饭。杨绛不着痕迹地抚慰着老师的心理忧伤，又如同家人一般满足着一个"老小孩儿"的口腹欲望。热爱身边的人，也是热爱生活的另一种方式。

可是，杨绛无论如何就是无法对政治产生兴趣，轰轰烈烈的思想改造运动开始之后，似乎每个人都赤裸裸地站在明亮的探照灯下，"前世今生"都被照得清清楚楚，杨绛不得不开始参加各种各样的学习和会议，虽然不情愿，却也不敢抱怨。

知识分子们将这场运动称作"洗澡"，这种荒谬的批判与自我批判,已经触及了杨绛的灵魂。她看着那些平时似乎很有理性的人,在运动中用同一种腔调说着同样不是发自肺腑的言语,心中真切地怀疑,难道这样就算是改造好了吗?

即使杨绛也不得不在检讨会上"供认"自己曾经犯过的"错误",这依然没有改变她将生活当成最大的乐趣。她始终乐观地相信生活不会永远像当下一般不堪,将度过最糟糕的那一天当作自己的胜利日,人生也就又找到了一个值得庆祝的借口。

现实生活里的"任意门"

如果能在心中安装一个阀门,由自己来调节心态,那么就等于在生活中为自己安装了一道"任意门",只要遇到糟糕的人和事,轻轻推开"任意门",呈现在眼前的又是一道绚烂的美景。

活在世上的人们,一刻不停地追逐着心中的目标,却忘记停下来问问自己,自己的情绪和心态是否已经被那些虚无的事物所掌控。有时候,即使是面对快乐,人们也显得那样力不从心,因为他们的情绪早已不由自己支配,自己也早已被自己折磨得筋疲力尽。

事后的自责与自省,永远也不能将糟糕的结局扭转成完美的结果,虽然没有人可以成为完美的个体,但至少可以调整心态,将一些丑恶的现实变得少一些丑陋,多一些美丽。

杨绛曾经无端遭遇过别人的指责与批判,在清华大学的"三反"运动中，杨绛顺利通过了自我批判的环节，本以为已经平安无事，没想到却在学生批判教师的活动中，遭遇了一名女学生对自己的批判。

那一天，学校的礼堂里坐满了来参加批判大会的人，每一个上台批判教师的学生，都说着几乎完全相同的台词。杨绛本来已经听得有些瞌睡，忽然一个女学生上台直呼杨绛的大名，吓得她一下子打起了精神。

那个女学生似乎与杨绛有着深仇大恨，她咬牙切齿地控诉着杨绛的种种"罪行"。她说："杨季康先生上课不讲工人，专谈恋爱；杨季康先生教导我们，见了情人，应当脸发白、腿发软；杨季康先生教导我们，恋爱应当吃不下饭、睡不着觉；杨季康先生甚至于教导我们，结了婚的女人也应当谈恋爱！"

言语上的抨击似乎不足以抒发那名女学生的怒火，她还捶胸顿足地用动作来烘托自己愤怒的语气。台下不明所以的听众听得怒火中烧，可杨绛却从来没有在自己的课堂上见过这名女学生，她连自己的学生都不是，这些无端安在杨绛头上的罪名，不知她是怎样杜撰出来的。

女学生的控诉越来越激烈，杨绛的形象也在她的口中变得越来越不堪。杨绛第一次深刻体会到了"无中生有"的真正含义，可是人们宁愿相信女学生口中的"事实"，也不顾杨绛心中有多少冤枉和委屈。

杨绛感觉自己一下子变成了一个巨大的"毒瘤"，原本坐在身边的保康姐已经不知去向。散场之后，人们三三两两地结伴而行，唯有杨绛周围几米的范围内，被自动隔离出了一片空白地带。

没有人敢靠近杨绛，生怕这颗巨大的"毒瘤"会传染自己。杨绛有生以来第一次品尝到了孤独的滋味，这份孤独里，还间或夹杂着他人鄙夷的言语。

只有外文系主任吴达元愿意靠近杨绛，他悄悄地问杨绛是不是真的说过那些话，杨绛已经无力为自己辩解，只是反问："你想吧，我会吗？"

吴达元坚定地告诉杨绛："我想你不会。"杨绛心头马上涌起了无限的感激，可是别人的眼神和言语太过恶毒，杨绛不愿让这个善良的人遭到自己连累，主动与吴达元保持着远一些的距离，一个人无声地走在回家的路上。

钱锺书当时并不在杨绛的身边，他在城里负责翻译毛选的工作，听说杨绛参加批判大会，钱锺书特意打来电话问她的情况，杨绛并没有向钱锺书讲述自己的委屈，只简单说了几句，便挂断了电话。

钱锺书在城里工作，女儿圆圆在城里住校读书，家中唯一能陪伴她的保姆早已进入梦乡，整个世界似乎只剩下杨绛一个人。

孤独的感觉最容易让人绝望，被整个世界抛弃的念头，轻易就会让人走上绝路。然而杨绛不是一个情感脆弱的女人，她一个人无声地在房间里坐了许久，心头那个调节情绪的阀门终于被她缓缓扭动。

"任意门"将杨绛带到了一个能让她鼓足勇气的地方，刚刚还像一只泄了气的皮球一样的她，仿佛一下子就被勇气再次填满。她无法容忍自己默不作声地承受这份屈辱，既然有人用力在自己的头顶拍了一下，那么索性就像一只充足了气的皮球一样反弹起来，自己没有看扁自己，世界就依然充满了美好。

这样想着，杨绛心头的郁闷就纾解了不少，她坦然地像从前一样按部就班地生活，照例在睡前看一会儿书，然后安然睡去。第二天醒来，她又焕然一新地站在世人面前，不同的是，从这一刻起，她变成了一个内心更加强大的杨绛。

心中的"任意门"已经把她送到了一个不惧世人言语的世界，她没有刻意躲避他人的目光和言语，反而把自己打扮得利利索索，专门到菜市场上人最多的地方去转悠。

别人对待自己的态度，被杨绛当成了一场游戏，她偏要看看人们是怎样躲避自己，看着他们转身离去的背影，杨绛没有伤感，反而感觉到一丝滑稽。

这又为杨绛提供了一场感悟人性的机会，她发现，原来曾经看似亲密的老朋友，见到自己也能假装视而不见，那些从前并不刻意套近乎、几乎很少说话的人，竟然可以不惧他人的言语，主动和自己打招呼，甚至并肩行走。

原来掌控自我的情绪，可以让外界的压力变得微不足道。

没有必要委屈自己去跟上他人的步伐，调节好心中控制心态的阀门，就可以"任性"地让自己的情绪转悲为喜。

每个人的心态与情绪都有极限，一旦跨越，就会变得心力交瘁。所谓的"任意门"，不是让人逃避眼前丑陋的现实，而是用对美好的憧憬，在心中积蓄一份力量，勇敢地跨越那道门槛，将丑陋的现实远远地甩在身后。

并不是每个人都能像杨绛一样有跨越"任意门"的勇气，清华大学化学系的创办者高崇熙先生，就在他人的批判与诽谤声中，为自己的生命画上了一个残缺的句号。

杨绛和钱锺书也许是高崇熙先生生命中见到的最后两个人，他们去拜访高先生时，他正独自坐在房间里发呆。那一天，高先生对他们的招待无比热情而又心不在焉，临走时，高先生送了又送，一直送到工厂的大门口，依然久久伫立在原地，目送他们离去。

过了一天，杨绛就听说了高先生服用氰化物自杀的消息。这位为清华贡献了一生的教授，最终却被人诬陷偷了学校里做化学实验用的白金坩埚，带着屈辱转身与这个世界诀别。

人们总是在迫不得已的情况下做出糊涂的决定，死神勾一勾手指，就能轻易蛊惑疲惫的内心。其实，每个人的力量都比自己想象的更加强大，当觉得自己已经撑到头，只要咬牙挺过错觉，生命中的"任意门"就会向你敞开大门。

可惜，在那个令大多数人丧失理智的年代，像高先生这样的人还大有人在。杨绛认识的一位虞先生,是燕园东门外一个果园的主人,他不是所谓的资本家,虽然曾经留学美国,回国后却一直勤勤恳恳经营果园,五十几岁还亲自和工人们一起劳动。

同样是知识分子的惺惺相惜,让杨绛和虞先生成了朋友,然而虞先生的果园一夜之间在政治运动中变成了公家的所有,他这个果园的主人一下子沦为了为果园打工的工人。虞先生想不通为什么会变成这样,气病了身体,最终选择用触电的方式结束了生命。

一个个鲜活的生命从杨绛的眼前消失,这反而激发起了她与生命中的不公平对抗的勇气。她觉得比起高先生和虞先生的遭遇,自己被女学生控诉了几句实在算不得什么,屈辱也能变成一种历练,巨大的压力反而会积蓄出反弹的力量。

这样想着,杨绛心中的怒火终于彻底平息,理性再次占了上风,她和钱锺书一起按照校方的要求为自己"洗澡",心中却依然存留着永远都不会泯灭的良知。

成功地控制心中调节心态的阀门,是一件值得骄傲的事情,这是与残酷现实进行挑战的一次胜利,"任意门"另一端的美景,就是对自己最好的奖励。

悲观的情绪永远不会带领你走上通往幸福的捷径,一味的乐观也只能在残酷的现实面前遭遇一次又一次重大的挫折。杨绛是一个乐观的悲观主义者,她笑对困难,又从不盲目憧憬不现实的美好，没有过大的期望，就不会失望，恰到好处的憧憬，又能带领她走出黑暗的境地。

打定了与现实对抗的决心，接下来的政治运动似乎也就变得不再难熬。"洗澡"结束之后，紧随其后的就是"忠诚老实"运动。杨绛和所有人一样，每天都要开会坦白交代自己以前的"问题"，交代过后，又要自己来评定工作的薪金。

当时的薪金以小米来计算，为了避免不必要的麻烦，杨绛不敢多报，只报出了很小的数字，没想到还是惹来了非议，说她上报的薪金少，是为了偷懒不做工，有散工思想，宁可少拿工资，也不愿为国家服务。

这些无端的言语再也不能扰乱杨绛的心绪，她平心静气地填写发下来的表格，等待学校的重新分配。

在杨绛的心目中，教师是一个神圣的职业。可是一场场运动经历下来，每一个教师都开始害怕教书。清华大学再也不像当初，是诞生知识的净土，杨绛也不打算再涉及深奥的学问，只祈求能让自己教最简单的学科就好。

当学校的分配通知下来，杨绛才知道，自己已经被"逐出"了清华，她和钱锺书一同被分配到文学研究所，不做教师，反而引来了其他教师的羡慕。

这一次离开清华，杨绛没有太多遗憾，她即将再一次推开"任意门"，任由这道大门将自己带入另一个未知的领域。

她和保姆简单收拾了一下为数不多的行李，很快就搬到了新家。小小的一座平房，成了杨绛在未来的一段人生里的安身之所。

情绪要靠自己调节，生活也要靠自己打造。既然无法预知未来，索性就尽量将当下的生活装点得美好。

杨绛在新家的门口栽下了五棵柳树，柳树似乎也通人性，很快就长得十分茂盛，坐在屋内，就能欣赏门前的绿树成荫，这是杨绛目前能够做到的对生活最好的调剂。

她被分配到了文学研究所的英文组，也成了年轻人口中的"老先生"。杨绛知道，"老先生"不过是"老朽"的代称，她并不在意，反而渐渐习惯了这样的称谓。

在文学研究所，杨绛被评为"三级研究员"，这是一个职称，也是一个身份。她并不渴望向上爬，在"三级"的位置上，一直坐到退休。

既然决定留在祖国，与祖国共进退，杨绛就做好了粗茶淡饭的准备。物质的贫乏影响不了她精神上的富有，她还有书可读，图书室的藏书，就是她和钱锺书的精神家园。

新生的事物层出不穷，人性也变得不再单纯，人们也渐渐忘记了自己的初衷。唯有那个调节心态的阀门，时刻被杨绛掌握在自己的手中，她是明智的，在残酷现实中挣扎的同时，时刻用"任意门"另一端的美景帮自己找回自信，如果每个人都能多一些自我安慰、自我原谅与自我同情，快乐和幸福也就变得触手可及。

披上隐身衣，甘当一个"零"

人生就像一朵花，经历过绚烂绽放，终将迎来凋谢枯萎。当美好的容颜不再，让曾经的风华在岁月的冲刷中蜕变成优雅，才会使自己的心安详地存在。就像花儿凋谢后还会留下种子，迎接生命的另一个轮回，这份源自内心的优雅，也会永远存留于后世，让后人念念不忘。

很多事情都是这样，看得透彻才能舍得放下，优雅地转身，留下的是让人动容的背影，无意之中，自己的灵魂便在喜怒哀乐与悲欢离合之间得到了超脱。

自从杨绛进入文学研究所，就成了一个"零"。她仿佛披上了隐身衣，成了领导和同事眼中的"隐形人"。

也许正是因为她的不愿过问政治，让她成了一名不够"积极"的研究员。许多能力不如她的人，职务纷纷升迁，待遇也层层提升，唯有杨绛，任何好事都没有她的份儿，就连手头正在进行的工作，也差点被夺走。

杨绛并不奢望提高自己的待遇，只是不闻不问地默默做一个研究员，翻译着手头的文学著作。虽然身为英文组的研究员，杨绛却不愿荒废自己的法文，偶尔也进行一些法文著作的翻译。几乎没有人去干预杨绛的工作，因为她压根就是"不存在"的。

研究所的全体成员都成为三套丛书的编辑委员，只有杨绛一人不是。每次编辑委员们开会，最后都要到同和居吃一顿像样的饭菜，对于当时来说，吃上这样一顿饭菜，就等于吃了一次酒席，钱锺书也有份儿参加，唯独杨绛没有资格。

杨绛也羡慕钱锺书能吃上那样丰盛的菜肴，听着钱锺书对美食的赞不绝口，她也只能淡然一笑。此刻对于她来说，缱绻繁华不过是可以从指缝中溜走的虚荣，她要安心接受岁月的打磨，哪怕最终化作一粒尘土，也要保持优雅的身影。

经历蜕变，是一个痛苦的过程，杨绛只能咬牙默默承受。她虽然享受不到研究员和编辑委员应有的待遇，却要从事编辑委员应该做的工作。

尤其是当作者、译者、责任编辑之间出现了分歧，负责审阅稿件的杨绛又要充当矛盾调解者的身份。

"和事佬"最不好做，一不留神就会得罪一方，甚至得罪所有人。如果在稿件中发现了错误不提出改正，就要被冠以不负责任的罪名；如果提出改正，又会得罪那些负责写作和翻译的专家。

好在杨绛懂得语言的艺术，善于劝说，她做的每一次调解都能让产生分歧的双方心服口服。不过，也有人把杨绛的一切成绩都归功于钱锺书，认为是钱锺书的帮助，让杨绛完成工作。杨绛从不反驳，用沉默的态度去等待事实水落石出。

蜕变就是对一个人意志的磨炼，只有经历过痛苦，才能从人群中脱颖而出。有句话说"舒服是给死人准备的"，虽然不好听，却也道出了一个真理。在蜕变的过程中，杨绛的气度变得越来越优雅。她不争不抢，静默处世，摒弃着世间的虚幻，体味着自己的人性。

对于美好的事物，她渴望却不强求，送上门来的，斟酌之后坦然接受；远在天边的，她默默欣赏却不奢望拥有。文学研究所经常组织研究员们参加文娱活动，杨绛也从来没有份儿参与。发下来的"五一"和国庆的观礼券，杨绛也从未得到，更不要提像《天鹅湖》这样的高雅演出。

一次，杨绛好不容易得到了一张没人要的"五一"末等观礼券，兴致勃勃地刻意打扮了一番，捧着观礼券就像捧着宝贝一样，来到了观礼的现场。因为是末等票，只能在不起眼的角落观礼，杨绛没有见到节庆的盛况，因为她的位置只能看到攒动的人头。

即便得不到任何应有的待遇，杨绛也从未松懈手头的工作，外文组的所有研究员,只有她一个人每次都能按时完成工作。其实,各种各样的运动和会议已经占用了不少的工作时间,工作反而成了挤时间才能做的事情。为了完成工作,杨绛赔上了全部的业余时间,当按时上交工作的那一刻,还要被人说是因为什么事情都不管,才有时间完成工作。

只有钱锺书和圆圆知道,杨绛为完成工作付出了怎样的代价,为了赶完一项工作,她常常忙得面无人色。有时候,钱锺书帮杨绛审阅稿件时,不小心用铅笔划破稿纸,杨绛只能重新誊写一份,几乎每一份工作,都是在用生命作为代价去完成。

即便如此,杨绛也不会为了得到他人的肯定去卑躬屈膝,更不会让自己随波逐流地变得俗不可耐。她身上散发出来的气质,如一坛陈年的佳酿般历久弥香,这种气质,就叫作优雅。

优雅不是别人授予的头衔,是自我活出的一种生活态度。文学研究所不分给杨绛研究的课题,她就自己找课题来做。文学研究所有一条不成文的规定,不是马克思提到过的作家不进行研究。菲尔丁是马克思最喜欢的作家之一,正赶上菲尔丁逝世二百周年,杨绛就把他当成了自己研究的对象。

不刻意引人注目,只从骨子里散发出迷人的芬芳。时间可以改变容颜的美丽,却冲淡不了在诗书中熏染出的独特韵味。文字可以沉淀进血液,融合着年龄与经历,由内而外散发着夺人心魄的魅力。

岁月无情,世事沧桑,匆忙流逝的光阴催促着人们不断老去，灿烂的年华也在不经意间无声地流逝。

有时对镜梳妆，杨绛也会留意到眼角逐渐爬升的皱纹，偶尔她的心头也会浮现一丝伤感，因为这些细细的纹路，在几年之前还是那么陌生。

时光在用无情的手肆意摧毁一个人的风华，那令无数人神往的风华，最终也不过成为指缝间的流沙。那些岁月中的欢声笑语，那些患难与共的艰辛，凝聚成杨绛一身的才情，她虽淡然处世，却无法掩饰骨子里散发出来的荣耀与骄傲。

腹有诗书气自华，被书香熏染出来的女人最美。被上级和同事冷落的杨绛，如同一朵默默盛放的莲花，没有艳丽的姿容，只有淡雅的香氛轻轻释放，独自展现自己的美，丝毫不在意外界的言语和眼光。

虽然不受上级和同事的青睐，杨绛的文字却在读者中吹开了一股清新的风。她的文字没有当时流行的八股腔调，行云流水的文字开阔了读者的视野，入情入理的分析让读者感受到了与学者截然不同的新颖观点。

业内人士也欣赏杨绛丝毫不落于俗套的语言，北京大学西语系的李赋宁教授更是将杨绛的文章当作让学生们模仿的范文来推荐。

杨绛在自己的《春泥集》序言中写道："但愿这些零落的花瓣，还可以充繁荣百花的一点肥料。"因为这部集子的题目就出自龚自珍的诗句："落红不是无情物，化作春泥更护花。"

人生是一场单程的旅行，交织着悲喜，也飘散着余香。杨绛的文字中沉淀着她丰富的经历，带出的袅袅花香，也落满了每位读者心灵的花房。

她将孤独活成了一种优雅的腔调，因为不愿相信命中注定，也就不愿轻易向现实妥协。因此，尽管已经做到了足够低调，杨绛依然认为自己的性格有些急躁，不像钱锺书那样善于隐忍。

杨绛的心中不愿留存半点污秽，尤其是面对学术问题，更是喜欢有话直说。当时的文学研究所处处以马克思为尊，可是即便马克思的思想再伟大，终究也有涉猎不到的领域，许多优秀的外国著作，马克思并未提及，杨绛却固执地要进行研究。

杨绛欣赏简·奥斯汀的作品，但别人却不赞成，认为马克思没有提到过简·奥斯汀，她的作品就不够好。杨绛再也不愿忍耐，直截了当地反驳："也许马克思没读过简·奥斯汀。"

倔强也是一种优雅，别人不看好简·奥斯汀，杨绛偏要写一篇与简·奥斯汀的《傲慢与偏见》有关的专论，题目就叫作"有什么好"。虽然这篇专论并没有引起重视，杨绛依然要固执地捍卫文学名著的尊严。

在外文组讨论文学作品时，谈到作者对笔下人物的爱憎，杨绛坚信，作者对笔下每一个人物的情感，完全不只或爱或憎那么简单，她认为爱憎可以交杂成同一种情绪释放。一番言论下来，杨绛马上成了整个外文组针锋相对的对象，她依然不肯服输，还举例说："Thackeray 之于 BeckySharp，从品德方面是憎，作为他的艺术创造,是爱。曹雪芹对王熙凤及赵姨娘亦然。"

许多人依然不愿意承认杨绛的观点,却也找不出更恰当的实例来反驳。讨论会结束之后,年轻的研究员之间开始悄悄讨论,其实杨绛的观点是很有道理的。

生活上的不平等对待,杨绛可以隐忍,然而对于学术,她不能眼睁睁地看着所谓的专家学者将全部的文学著作统统蒙上一块毫无二致的"大红布"。

她不愿用卑微的态度去掩饰内心的优雅,即使每个人都将她当成浑身带刺的刺猬,依然还有志趣相同的人能透过表象,参透她纯净的内心。

残酷的现实无情地掐灭了太多如烟花般美好的渴望,杨绛却一直保持着一腔深情,优雅地翻阅时光。许多人将人生之路走得太过匆忙,将心底真正的想法掩埋于尘埃,虽然获得了大多数人的认可,却终究难以在苍白的人生底色上涂抹上绚烂的痕迹。

杨绛不愿做人们眼中的"大多数",她静静站在素色的光阴里,优雅地与长风对语,在时光的流逝里记录下岁月的点滴。

在那个年代,很少能有哪个学者像杨绛这样敢于固执地坚持自己的论点,如果捍卫文字的艺术也是一种困难,她偏偏要向困难宣战。于是,她写了一篇题为"艺术与克服困难——读〈红楼梦〉偶记"的文章,一下子获得了诸多学者的欣赏,文人周扬还专门将"艺术就是克服困难"这句话,引用为自己演讲的结尾句子。香港的文学刊物也将杨绛的这篇文章进行了转载。

就像杨绛说的那样:"写文章也会上瘾。"她从未担心过可能会再次遭受批判的问题,心中有话就要写出来,否则就会手痒。文字是心灵的牧场,杨绛沿着时光的长廊在这片丰茂的牧场上信步徜徉,不沾染世俗的风尘,独自品味一份恬淡的心境。

她曾说:"我在上层是个零,和下层关系亲密。"因为工作的变动,杨绛曾经搬过许多次家。每一次搬家,都会在邻居中结交许多知心的朋友。

房子的面积越搬越小,结交的朋友却越来越多。杨绛的朋友中不仅有年龄相仿的成年人,还有许多忘年交。因为喜欢小孩子,杨绛总是与邻居家的孩子们十分亲近,孩子们也能感受到杨绛的善意,愿意和她亲近。

她把这些小孩子真心当作自己的朋友,不仅能够记住每一个孩子的姓名,还十分了解每个孩子的个性、特长和喜好。

和谐也是一种优雅,这不是上天的恩赐,而是一种后天的修养。冷漠的人永远与优雅这个词无缘,只有心中有温度,对人生有不灭的渴望,才能在岁月的淬炼中蒸腾出优雅的香。优雅的人能够带给他人欢愉,也能够受到他人的敬重,既能净化他人的心灵,也能陶冶自己的情操。

第七章

用淡定和从容勾勒最美的风景

放低身段,也是一种自信。如果说人生是一场战争,杨绛没有一味地渴望胜利,反而珍惜每一次失败。经历每一次遭遇,都是将自己清空的一个过程,她倒掉的是心中的浮华和虚荣,却从未舍弃与黑暗对抗的毅力和勇气。

谦虚是一种自信

人生之路上走得越久,脚步也就越沉重。那是因为太多的过往成了身上的包袱,包袱中也许是欢欣,也许是悲痛,甚至也可能是荣耀。

人生需要归零,就像电脑系统一样,每隔一段时间将过去的杂质清空。归零之后的轻装上阵,会让步履更加轻松,蒙尘的心也会变得更加通透。

所谓归零,就是将自己变成一只空杯,不再沉迷于过去站在巅峰那一刻的荣耀,用谦逊的姿态重新开始全新的人生。

由古至今,空杯心态一直都在被世人推崇。相传古时有一个自认为佛学造诣很深的人,到寺庙中去拜访一位德高望重的老禅师。老禅师恭敬地接待了来客,可这个人的态度却无比傲慢。

禅师并没有气恼,反而亲手为他斟茶。不过,茶杯已经倒满了茶水,禅师依然没有停下斟茶的动作。茶水沿着杯壁流到桌面上,那个人不解地问禅师,为什么茶杯满了还要不停地倒?禅师没有直接回答,反而反问道:"是啊,既然已经满了,干吗还倒呢?"

这个人恍然大悟,原来自己就像一只斟满茶水的茶杯,不将自己的心态清空,永远也无法接纳更多的知识。

不知道杨绛有没有读过这个故事,不过,在被上级和同事视为隐形人的那段日子里,她真把自己的心态归"零"了。

就连一向好脾气的钱锺书也替她鸣不平,杨绛反而在"三级研究员"的位子上坐得自得其乐。不去争取渺茫的前程,正好让她可以保持恰到好处的天真;被别人归为卑微的个体,正好让她可以见证人性的真相。

杨绛曾是闻名上海的著名女剧作家,她编写的舞台喜剧,曾经激发出无数观众发自肺腑的笑声;她还是一名笔耕不辍的作家和小说家,她笔下的文字无数次变成铅字,被万千读者捧在手中阅读;她还是一名出色的翻译家,为了体现外国文学著作的原貌,不惜从头开始学习一门陌生的语言和文字,只求为读者呈现出原作中的精髓。

然而这一切成就都没有改变杨绛如今成为"隐形人"的现实,她甚至不将这一切当作成就,依然是一只被倒空了的"茶杯",安心地做着分内的工作。

杨绛在不服输的心态下创作的许多文章，都成了她挨批评的导火索。于是，她索性不再写文章，一个人坐在冷清的角落，潜心翻译西班牙名著《堂吉诃德》。

她将自己原本掌握的知识清零，在心中为更新的知识留出足够的空间，只要茶水永不倒满，生命也就永远焕发着崭新的活力。一颗归零的心，才有更多的空间去容纳生活中的平和与静美。懂得随缘，才能活得更加潇洒自在。

"三级研究员"的位子，也无法长久坐得安稳。很快，杨绛就被彻底打入了生活的底层，与几位研究员一起，被分配到了乡下，接受社会主义再教育。

那是一个贫瘠的山村，每一个被分配来的研究员，都要和老乡们一起从事乡间繁重的劳动。瘦弱的杨绛身体本就虚弱，可是干起农活来，却始终有一种不服输的劲头。她从未将自己当作知识分子，摆在高高的位子上，反而永远将自己当作普通百姓中的一员，轻易就能和乡亲们打成一片。

放低身段，也是一种自信。如果说人生是一场战争，杨绛没有一味地渴望胜利，反而珍惜每一次失败。经历每一次遭遇，都是将自己清空的一个过程，她倒掉的是心中的浮华和虚荣，却从未舍弃与黑暗对抗的毅力和勇气。

"归零"后的杨绛，学着公社中老大妈的样子，整天在身边带上一根木棍，用木棍把玉米棒子上的玉米粒全部敲落下来。砸完玉米粒，再把秫秸杂草装到独轮车上，堆得比自己的身高还要高，然后轻巧地推着独轮车稳稳地上坡、拐弯，从不翻倒。

似乎做任何一件事情，杨绛都会投入百分之百的认真。做学问如此，做农活也是如此。有的知识分子觉得与乡下人没有共同语言，谈不来，杨绛却在做农活的间隙与老乡们闲话家常，很快就成了朋友。

无论是知识分子还是乡下人，语言是相通的，微笑更是全世界都能读懂的语言。她抱着一颗真诚待人的心，让所有同来的研究员改变了对她的看法，原来她不是一个做作的资产阶级太太，而是一个可以轻易打入底层群体中的普通百姓。

时刻面带微笑，心中才不会感受到寒冷。世界上没有完美的人，杨绛也坦承自己有或多或少的缺陷。可是愿意在任何一个陌生的领域将自己的心态归零，重新整理自己的智慧，从每一个人身上吸纳正确的东西。

躺在过去的荣耀上高枕无忧，是最可怕的事情，虚荣的外衣被杨绛远远抛在了身后，以最谦卑的姿态将自己变成了老乡中的一员。

最初来到乡下，杨绛连一个稳定的住所也没有。一开始她被安排在一位工人家里，工人长期在外工作，只有他的妻子在家。杨绛和这位工人大嫂睡在一铺炕上，没想到没过几天，工人回家，杨绛只好到一间满是灰尘的空屋里，在冰冷的炕上睡了一夜。

不久之后搬进公社的缝纫室，杨绛和女伴共享一个房间。

房间里只有一张上下铺的竹榻，女伴说自己爬不上去，杨绛就主动提出睡在上铺。狭窄的床铺没有栏杆，只要爬上去，杨绛就必须保持一个固定的姿势一动不动。

后来又搬到托儿所，白天孩子们在炕上玩耍，杨绛的铺盖就叠好放在炕上的角落，有时上面不知道被哪个孩子撒了一泡尿。

在乡下上厕所也是一件痛苦的事情，乡下的茅厕只是在粪坑上架起两条狭窄的木板，杨绛每次都担心自己一不留神踩空掉下去。这样的茅厕晚上根本没办法进，只好在墙根下面解决。一次杨绛吃坏肚子，不敢去茅厕，只好到一个无人的院落里自己挖了一个坑，像小猫一样如厕之后再将坑埋上。

即便如此，杨绛也从未抱怨生活的不公。喧嚣的世界让太多人变得浮躁，这份浮躁占据着人们的大脑，让人们放纵着情感，丧失了平静，真假莫辨，是非难明。只有一颗素净的心，才能感悟流年。其实人与人之间的交流是心与心的交融，懂得接纳上天赠予的一切经历，包括人和事，可以让一颗被尘世烟火熏染的心渐渐平静下来，用温婉的心，感受时光的静好。

杨绛的好心态感染了身边的许多人，那些淳朴的老乡更是将她当成知己，一有心里话都愿意对她倾诉。一个负责管食堂的人，偶尔会变戏法一般端出一碟香油白菜心，给杨绛和研究员们换换口味，他也只偷偷告诉杨绛，公社里那几头膘肥体壮的大猪，曾经是他们家的私产。

不忘初心，方得始终。无论取得怎样的荣耀，每个人都无法改变自己来到这个世界的最初，只是众多平凡人中的一个。

因为懂得这个道理，知识分子杨绛和每一个老乡都没有距离。村里的一个女孩子摔了一跤，头上磕破了一大块，杨绛心疼地用自己带来的药品给孩子包扎，伤口很快长好，也没有留下疤痕。女孩子记得杨绛的好，临走时，还对杨绛送了又送，嘴里不住地喊着："想着我们哪！"

融入老乡当中，并不是杨绛刻意计划着做的事情。也许是杨绛善良的内心清晰地反映在了容貌上，老乡们也愿意主动和杨绛亲近。清空之后的心境才能恢复应有的平和，留出一方净土，种出一片芬芳。

杨绛心灵篱笆中的芬芳花朵感染了许多人，这也让她成了研究员中的"友好使者"，只要是需要与老乡打交道的事情，都交给她出面去做，每一次都能圆满完成任务。

每到一个全新的地方，杨绛都能迅速和当地的人打成一片。一次全体研究员去猿人石窟参观，中午和铁路工人一起吃饭。研究员们打饭的速度慢了一些，没有拿到主食。杨绛主动去和铁路工人们攀谈，很快就从工人们那里分到了一大盘馒头。

她曾说："下乡对我大有好处。我对老乡更能了解，更能亲近。农民跟知识分子和工商界差不多，各式各样，也有很刁的农民，只是乡里人较朴实。"

许多美好求之不得，只能靠自己的心去感悟。在红尘中行走得久了,难免疲倦,不如卸下身上的包袱,清空自己的心事,笑看山水间的风轻云淡,感悟缘去缘来的莫测光阴。志得意满,是心灵上的枷锁,它会让人丢失自我,丢掉心中的静默。

从乡下回来,杨绛成了能和农民打成一片的人。钱锺书听说后十分欣喜,他一直担心第一次下乡的杨绛会不适应,没想到她做得这样好,再也不会被别人当成"不革命"的分子。

将心态归零,才能更坦然地面对生命中的一切不公平遭遇。别人对杨绛的赞扬还没有落下余音,轰轰烈烈的运动就带着足以令人良知麻痹的气息席卷而来。杨绛还没有来得及搞清现状,一群"革命群众"就山呼海啸般袭击了她的住所。

杨绛一字一句翻译完成的两部《堂吉诃德》的手稿被搜走,那是杨绛长时间以来的心血,她还来不及痛心,就已经沦为了"牛鬼蛇神"的一员,被揪到宿舍大院里接受批斗,剃光了半边头发,成了"阴阳头"。

在遭遇重大的人生挫折时,心态的归零变得更加重要。这种心态可以让失衡的人生天平重新调整砝码,在糟糕的处境里吹来一股清新的风。

钱锺书十分担心一向爱整洁的杨绛会接受不了自己现在的形象,更担心她因为悲愤交加而想不开。没想到杨绛就像什么事情都没有发生一样,回到家里平心静气地在衣柜中翻找着什么。

原来她是在找女儿圆圆不久之前剪下来的辫子,又找出一顶钱锺书的帽子，套在一个小锅上面，花了一晚上的时间，将头发一股一股地缝在帽子上，到太阳升起时，一顶崭新的假发制作完成，杨绛戴着假发像平时一样正常出门，正常工作。

每经历一件事情，人们的心中就会留下记忆的点滴。就像茶杯中每一天都会注入一些新的水，如果杯中的水长久没有倒掉，就会变成一杯死水，水面上长满腐朽的青苔。将那些糟糕的经历归零，甘甜的清泉才能重新注入。

挨批斗，剃"阴阳头"，似乎还不足以侮辱一个人格高尚的人。那些"革命分子"打算将杨绛羞辱到底，分配她去打扫厕所。难闻的气味与污秽的环境无法弄脏一个洁净的灵魂，杨绛不把打扫厕所当作一种侮辱，只当作一份工作，为了将这份工作做好，她自己准备了许多工具：小铲子、去污粉、毛巾、抹布、大小不一的盆，还自制了小拖把，不在乎他人异样的眼光，每天只顾埋头清理厕所。

几天的工夫，原来肮脏不堪的厕所就在杨绛动手清洁后焕然一新，难闻的气味也因杨绛定时开窗流通了出去。一尘不染的女厕所仿佛一间书房一般干净整洁。那些曾经打算羞辱杨绛的人，不由得在心中对她多了一分敬重。

你心中有什么，你眼中的世界就是怎样的。杨绛始终心怀善念，因此总是能从别人的身上发现温暖的闪光点。

作为"牛鬼蛇神"的一员，杨绛要经常写自我检查，每份检查都有"革命群众"的批复，批复的话语都写得尽量严厉。杨绛一次收到的批复是"你这头披着羊皮的狼"。她抬眼去看写批复的人，怎么看都不像有着凶狠的个性，反而很善良。于是杨绛在心中默默地称他为"披着狼皮的羊"。她坚信，"革命群众"并不都是丧失了理智的个体，有些人只是不得已暂时将良知用"狼皮"遮掩了起来。

永远不要去抱怨命运的不公，也许人生中遭遇的折磨，只是命运对你的另一种偏爱方式。归零的心态能更好地感受人间的悲喜，聆听世间的哀乐，更多地尝遍世间的甘苦，也就尽早看透人间的繁华。

唯有谦卑才更接近伟大

人生在世，必须具备两个看似矛盾却又相辅相成的品质，那就是傲气与谦卑。傲气在精神，无论何时都不能自轻自贱；谦卑在心态，始终心怀对生命的敬畏，也就渐渐拥有了对生命的彻悟。

谦卑不会让人变成一个渺小的个体，反而让人心中可以容纳天地，身影也变得伟岸而又高贵。因为心怀谦卑，杨绛才能在自己被迫成为一个卑微的个体时，活得那样坦荡。"牛鬼蛇神"是没有资格雇用保姆的，杨绛家的保姆不得不离开，生活的一应琐事都要由杨绛和钱锺书亲自打理。头上戴着假发的杨绛总是在菜市场买菜的时候遭到菜市场大妈们的盘问，于是她把买菜的任务交给了钱锺书，自己负责到煤厂去买煤。

没有成为"牛鬼蛇神"之前，杨绛对待替自己服务的人，也从未表现出高高在上的姿态，她是一名高级知识分子，却始终抱着谦卑的心态与劳动人民相处。因此，有些理智尚存的人，不顾杨绛"牛鬼蛇神"的身份，愿意无条件帮助她。

杨绛白天要在"革命群众"的监管下干活，有时赶到煤厂，人家已经下班。煤厂的工人特许杨绛可以自由出入，把钱放在桌子上，自己取煤。

看到杨绛因为工作累得双手无力，之前经常给杨绛送煤的工人主动提出为她拉一车煤。杨绛谦和待人的处世方式得到了回报，这无疑是在黑暗的前路上点了一盏明灯，在漫天飞雪的冬日送来一丝温暖。然而这明亮和温暖，实际上是杨绛自己播种的善果。

从事最卑微的工作，没有磨灭杨绛的一身傲骨。她可以容忍不公正的待遇，唯有涉及自己用心血翻译出来的手稿，才愿意暂时放低自己的身段。

自从《堂吉诃德》的手稿被没收，杨绛就对它们心心念念，惦记着有朝一日能完璧归赵。她像一个和孩子失散了的母亲，只要有机会，就在每个办公室的窗外向里张望，期望发现那一摞厚厚的手稿的影子。

功夫不负有心人，杨绛在奉命打扫一间储藏室时，在一堆凌乱的废纸堆里发现了自己的手稿。她仿佛终于找到了自己心爱的孩子，一把将厚厚的手稿搂在怀里。一向行事坦荡的杨绛打算为了自己的手稿做一次"贼"，她的位置离门口不远，如果趁着监管的人不注意，光明正大地抱着一摞手稿走出去，一定不会有人怀疑。

可惜还没有走出门，监管人员就发现了杨绛的举动。杨绛有些羞愧，又有些生气，她说："这是我的稿子。"可惜依然没有被允许拿走，杨绛只好精心为自己的手稿找到了一处暂时容身的地方，既怕地方太糟，被人当作废纸丢掉，又怕地方太好被别人看中，扔了自己的手稿放别人的东西。

直到重新"恢复人身"，杨绛才鼓足勇气要回手稿，她曾说："落难的堂吉诃德居然碰到这样一位扶危济困的骑士！我的感激，远远超过了我对许多人、许多事的恼怒和失望。"

谦卑不是自卑，在善良的人面前，杨绛永远保持着一份谦虚的情怀。谦卑的心态让她时刻保持着清醒的头脑，不随波逐流，不盲目模仿他人的捷径。谦卑的心态也让她学会了低头看脚下的路，看清前方究竟是鲜花铺就的平坦大路，还是布满荆棘的坎坷泥泞。

谦卑的心态也是一种淡定和从容，经历过人生的大风大浪，杨绛变得越发沉稳，不悲观、不慌张、不抱怨、不哀叹。泰戈尔说："离我们最近的地方，路程却最遥远。我们最谦卑时，才最接近伟大。"

被下放的杨绛，依然保持着平和的心态。她在恶劣的环境里生活过，也从事过完全靠肉体支撑的繁重劳动。多年以后，《干校六记》中呈现出的文字，却丝毫不见血淋淋的惨状，平和得不能再平和的语言，似一双温柔的手，轻轻抚慰着一颗颗受伤的心灵。

对杨绛来说，在干校的生活，是一段刻骨铭心的经历，可她依然改不了自己温柔敦厚的个性，就连回忆起那段经历的文字，都可以写得"哀而不伤"。

在干校生活了两年，杨绛和钱锺书才作为"老弱病残"被送回了北京。杨绛已经在世事的沧桑中做到游刃有余，最困难的人生已经度过，面对未知的一切，还有什么样的困难不能迎刃而解？

保持谦卑的心境也是一种智慧，唯有不争，天下才没有什么能与你争。谦卑是一种对德行的积累，更是一种对心境的磨砺，功成名就而知谦，身居高位而知卑，不只人生可以受益，幸福也可以长久。

摆脱了"牛鬼蛇神"的身份，杨绛依然没有学会高调行事。她将自己的心态放到最低，携着钱锺书的手，回到了一别就是两年的家。此时的家已经不再是家，因为家里已经住进了外人。

杨绛家里住着的那对"革命群众"夫妇，不是两个好相处的人。即便杨绛已经放低了身段，他们依然咬牙切齿地想要将她狠狠地踩在脚下。

于是，杨绛和钱锺书如同逃跑一般离开了那个不再温暖的家，匆忙之中离开，除了身上的衣服，没有带走一件东西。偌大的祖国，没有她和钱锺书的容身之地，好在女儿钱瑗学生时代在北师大的集体宿舍里有一间空房，暂且可以提供给他们居住。

懂得低头，才有抬头的一日。似乎对于每一个人来讲，低头都不是一件容易的事情，因为人性中有着与生俱来的傲气和固执，然而不懂得适当地低头，也难以积蓄起巧妙的智慧，沉稳的成熟。

杨绛和钱锺书暂时居住的这间宿舍位于北面，只能见到很少的阳光，在严冬的时节里更显寒冷。不过她从住在同一栋宿舍里的邻居们身上感受到了温暖，听说她是钱瑗的妈妈，又听说了她的遭遇，邻居们纷纷拿出家里的油盐酱醋和锅碗瓢盆，还送给他们装满了煤的炉子，炉火的温度让杨绛重新感受到了家的气息。

成熟的谷子尚且知道低头，在困难面前不仅要保持谦卑，更要保持乐观和隐忍。昂起头是为了感受太阳的温度，低下头也是为了躲避危险的冲撞。

此时此刻，有一处容身之地，对于杨绛来说就是快乐的。她手脚麻利地将阴冷脏乱的屋子打扫得一尘不染，用邻居资助的物品烹饪出一桌热气腾腾的饭菜，生活又像从前一样步入了正轨。只要在乎的人安然无恙，任何地方，任何简陋的条件，都能重新开启全新的人生。

没想到即将步入晚年的杨绛，还要经历一段颠沛流离的人生。那间宿舍实在是过于阴冷，钱瑗的同事同情这一对饱经磨难的老人，将两间温暖的楼房借给他们暂住。在阳光充沛的楼房里,杨绛和钱锺书度过了一个温暖的冬天。冬天一结束,杨绛就主动把楼房还给了人家,和钱锺书一起搬进了学部提供的一间老旧的办公室。

乐观的杨绛和钱锺书将这间办公室称作"陋室",身外的一切都可能失去,却永远没人能够夺走他们心中的乐观。杨绛甚至暗暗觉得,如果能在这间"陋室"里安度余生,也是一件不错的事情。

简陋的容身之地却让杨绛感到无比心安,她终于可以重新开始翻译《堂吉诃德》,一共八册的原著,就在这间"陋室"里全部翻译完成。

杨绛将那段不堪回首的往事看作天空中的大片乌云,几乎没有任何一户人家可以躲避乌云投射下的阴影,虽然这大片乌云在头顶笼罩了漫长的十年,终究无法阻挡阳光穿破云层投射到地面,也在乌云的四周镶嵌了一道美好的金边。

杨绛说:"乌云蔽天的岁月是不堪回首的,可是停留在我记忆里不易磨灭的,倒是那一道含蕴着光和热的金边。"她始终坚信人性不会泯灭,因为心中有光,再多的乌云也不会遮蔽她心中的温暖和煦。

至刚则易折,至柔则无损。杨绛心中的谦卑,是一种能屈能伸的精神。趾高气扬只会让人敬而远之,像杨绛一样保持着谦逊的姿态,才是刚柔并济,进退有度。

因为杨绛的谦逊,在困难的岁月里,她得到了许多人的帮助，也愿意去帮助更多的人。

她没有奢望会有离开"陋室"的一天，甚至还有些不舍得离开，因为周围的邻居们实在是太友好，经受过恶邻欺负的杨绛，把善良的邻居当作上天的恩赐。

她每天的生活除了认真翻译《堂吉诃德》，还会早、午、晚主动各打扫一次厕所，把阳沟清理得干干净净，还为自来水管道做好了防护措施。

邻居们也真心地喜欢杨绛，小孩子们也能感受到杨绛从心底散发出来的善意，整天组成一个小小的"团伙"，来杨绛家里讨糖吃。

生活会给每一个懂得谦卑的人以最好的馈赠。就在杨绛像每一个冬天那样买好了供一整个冬天烧的煤，学部的人忽然送来了一串钥匙。这是他们新家的钥匙，那是一处新盖的宿舍房子，宽敞明亮，有许多的房间。

杨绛终于有了自己独立的办公书桌，再也不用为了给钱锺书和同事们腾地方，跑到邻居家里去工作。也许只有继续笔耕不辍，才是对生命最大的回报，在新家中安顿下来之后，杨绛马上投入了重新按照西班牙原文翻译《小癞子》的工作。

直到1978年3月，杨绛翻译完成的《堂吉诃德》终于出版，甚少激动的杨绛在拿到样书的那一刻，心头浮起了五味杂陈的滋味。接到翻译《堂吉诃德》的任务时，还是1956年，杨绛从接到任务之后开始自学西班牙语，在层出不穷的政治运动中，只能在会议和学习的间隙挤出点滴的时间翻译。

被夺去的已经译好的那部分,虽然最后终于要了回来,可是杨绛感觉仿佛一口气断了,只能无奈从头开始翻译。

一部《堂吉诃德》从开始翻译到翻译完成,竟然经历了二十年的时间。人的一生有多少二十年,又有多少人用二十年的时间去做同一件事情?

《堂吉诃德》一出现在书店的书柜上,马上形成了一种万人哄抢的局面。西班牙国王和王后访华的先遣队刚好在中国看到了这一盛况,将情况告知了西班牙国王和王后。先遣队的记者也专门采访了杨绛。

在为西班牙国王和王后举办的国宴上,邓小平专门邀请了杨绛出席。由杨绛翻译的《堂吉诃德》,也被邓小平作为国礼,送给西班牙国王和王后。他们亲切地与杨绛握手,询问她《堂吉诃德》翻译的时间和经历。杨绛来不及细说,只简单地告知是今年出版的。

"隐形"了许久的杨绛没有想到自己还有被贵宾接见的一天,心中的喜悦化作脸上的盈盈笑意,她带着十足的幽默感,将这次接受召见比喻成"太阳晒到狗尾巴尖上"。

她依然还是那个心怀谦卑,又不忘时刻保持幽默乐观的杨绛。她不愿做拉得太满的弓,也不愿做圆满得没有一丝缺憾的月亮。谦卑是为了让自己的人生有更强的弹性和韧性,适当的低头避让,也是为了让前行的脚步更加坚定。

平静是最强的生命能量

《道德经》中说:"不欲以静,天下自定。"还说:"躁胜寒,静胜热,清静为天下正。"懂得平静,也就学会了如何抛却世间的浮华,找到了通往快乐的捷径。

让内心回归平静,并非让心绪凝固在某一个状态,再也不动。而是动得微妙、动得巧妙。"万物芸芸,各归其根。归根曰静,静曰复命。"这是老子说的话,其实人也是世间万物中的一种,学会了平静,也就回归了生命。

可惜总是有人无法意识到平静才是最强的生命能量,尽情地消耗自己的情绪,消耗自以为牢牢握在手中的一切资源、财富、荣耀,当这一切消耗殆尽,才发现自己比那些从未拥有过这些东西的人更加空虚。

杨绛的生活终于回归一条平静的轨道,这更像是一种暴风雨过后的宁静,杨绛永远无法忘记狂风暴雨是怎样在人们的生活中肆虐,她也想把有关暴风雨的故事,讲给那些没有经历过的人听。

下放的时光,是杨绛生命中一段具有代表性的经历。她将这段经历浓缩成片段,凝聚成文字,记录成"下放记别""误传记妄""凿井记劳""学圃记闲""小趋记情""冒险记事"等发生在自己身上的几个真实故事。

杨绛善于以静判动,在她心中,平静的文字才蕴含着真正的美丽,于是,平静也被她当成了一种文字的艺术。她在《干校六记》中讲述的故事,没有激烈的口吻,没有跌宕起伏的情节,平适从容的笔调,将干校中人与人之间的关系活灵活现地呈现在读者的面前。

其实,当时的干校远远不像杨绛笔下那么平静,反而处处充满了阶级斗争的腥风血雨。干校中的每个人都是阶级斗争的受害者,杨绛更是在这场斗争中失去了许多至亲好友,就连杨绛的女婿也在阶级斗争中自杀去世。

杨绛的心头积蓄着巨大的悲愤,她平静的语言和文字,反而蕴含着足以撼动人心的力量。风轻云淡不是一种超脱,笼罩在巨大悲痛之下的微笑反而更摧肝裂胆。

她知道,无论现实是黑暗还是光明,自己永远都是大时代背景下的一个小小点缀。因此她将自己的经历当成人世间发生的小事,哪怕是遭遇,也如同闲话家常一般讲给世人,即便不能作为对世人的一种指引,至少也是对自己逝去的人生的一种祭奠。

纷扰的红尘干扰着所有人的视听,许多糟糕的经历让情绪也变得莫名的烦躁与压抑。伤感的情绪加剧了沉重的步伐,直到这一刻,才开始真正向往平静的生活。

其实,生活是否平静,完全取决于你的意志是否坚定。拿得起、放得下,超然物外,波澜不惊。心神沉淀下来,整个世界就会变成一片宁静,空气中似乎也会浮动着美妙的气息,无声的安好,仿佛灵魂飘荡在九天之外的惬意。

《干校六记》是杨绛对一段人生的记录与回忆,字里行间充斥着淡泊的智慧。她徐徐讲述的仿佛是一个个与自己无关的故事,然而越是平静的讲述,越能够让人感受到在那个大多数人丧失理智与良知的年代,人性发生了怎样的扭曲。

钱锺书在当时比杨绛早一些被下放到了干校,回忆起当时送别的场景,杨绛写道:"我们三人就下车,痴痴站着等火车开动……默存走到车门口,叫我们回去吧,别等了。彼此遥遥相望,也无话可说。我想,让他看我们回去还有三人,可以放心释念,免得火车驰走时,让他看到我们眼里,都在不放心他一人离去。我们遵照他的意思,不等车开,先自走了。几次回头望望,车还不动,车下还是挤满了人。"

只要读过这一段文字,人们就仿佛已经置身于一个依依惜别的场景。杨绛却讲述得那样淡然,更不是在刻意压抑心底激动的情绪。

对那段经历,她早已释然,经历过伤心与挫折,反而更珍惜时光的慢移。

都说无情的人最快乐,杨绛做不到无情,却可以做到有情之后的平静。伤春悲秋都改变不了浮生若梦,不如宠辱不惊,享受花落无声。

杨绛在《干校六记》中记录了许多次送别的场景,大多数的送别,她都像描写钱锺书初下干校之时那样深情而又淡然,唯有一次,文字中却出现了杨绛平日里难得展现出来的伤感与激动。

那一次是轮到杨绛自己被下放到干校,她写道:"上次送默存,有我和阿圆还有得一(杨绛的女婿),这次送我走,只剩了阿圆一人;得一已于一月前自杀去世。……阿圆送我上了火车,我也促她先归,别等车开。她不是一个脆弱的女孩子,我该可以放心撇下她。可是我看着她踽踽独归的背影,心上凄楚,忙闭上眼睛;闭上了眼睛,越发能看到她在我们那破残凌乱的家里,独自收拾整理,忙又睁开眼。车窗外已不见了她的背影。我又合上眼,让眼泪流进鼻子,流入肚里。"

与失去了丈夫的女儿分别,自己未来的遭遇无法预知,女儿的孤独与心痛却仿佛可以感同身受。即便如此,杨绛也只用哀而不伤的笔调缓缓记述,平静语气的背后,是她对那段不堪回首的往事的无奈与抗争。

在撰写《干校六记》时，杨绛将文字艺术的华丽辞藻统统收敛起来，用最朴实的文字不着修饰地记录着自己在干校时期的所见所闻。

杨绛曾经被分配去看管菜园，因为他们种的白薯和青菜只要成熟，一夜之间就会被偷光好几垄。于是，杨绛就成了看管菜园的人，只要看见有人来偷菜，杨绛就要负责驱赶，有时候迫不得已还要追赶偷菜的人。

杨绛写道："其实，追只是我的职责；我倒愿意她们把青菜带回家去吃一顿。"杨绛觉得农民的生活比她自己还要可怜，虽然背负着看管菜园的责任，却宁愿这一点青菜能改善贫下中农贫苦的生活。

淡泊的心境如同青莲，能够感悟出人生的禅意。智利诗人聂鲁达曾说："我喜欢你是寂静的，仿佛你消失了一样。"

内心宁静的人，能够耐得住生命中的寂寞。平静涵盖了无穷的力量，这似乎是人生的最高境界，将内心变成一面平静的镜子，用来反观自己，反省自己，毫不掩饰地判断自己，将自己看得越透彻，心中的力量也就变得越发强大。

这个世界总是有太多看不清自己的人，这是对自己的不尊重。因为不尊重自己，也就不懂得尊重他人。

杨绛的笔下就出现过这样的人物，在她的小说《大笑话》中，就描写了一群高级知识分子的太太，她们的身上沾染着污秽的习气，当欲求不满时，还希望将别人拉进自己的生活，成为替自己达成欲望的牺牲品。《"大笑话"》中民法专家林子瑜的太太周逸群，就是这样一个被污秽的习气渗透了周身每一个细胞的人。她爱上了年轻的大夫赵守恒，与他维持着一段微妙的关系。赵守恒忽然"移情别恋"，喜欢上了副社长的夫人朱丽。为了报复，周逸群打算把已故生物研究室博士王世骏的妻子陈倩拉入自己的生活，让她去勾引赵守恒。

纯洁的陈倩不知道周逸群的险恶用心，林子瑜不敢干涉老婆的所作所为，只能在暗地里给予陈倩关心和鼓励。没想到别有用心的人趁着周逸群不在家，冒充周逸群的口吻写了字条，邀请陈倩到周逸群家里做客，当穿着浴袍的林子瑜打开门，马上就有一位太太从后门闯了进来，抓了"现行"。

周逸群成了太太们眼中的大笑话，想要利用别人去勾引情夫，没想到"赔"了自己的丈夫。无辜的陈倩也成了"大笑话"，她转身离去的身影，蕴含着多少对这些无事生非的人的绝望和不理解。

文字是杨绛用来展示人性的最好的武器，她无须张开双臂去奋力高呼，只需淡然地描述，就能让读者们在复杂的人性描写中发出会心的微笑。

人生的道路漫长，有平坦就注定会有崎岖；人生的滋味丰富，有甘甜就注定会有苦涩。走过的每一段路都是自己的经历，每一段经历都是自己宝贵的财富。从走过的路中，你收获的不应该是浮躁，应该是淡定和从容。

从平静中汲取的力量，会让内心变得更加强大，活得简单，头顶的阳光才会更加明亮和温暖。没有必要去仰望天边绚烂的彩霞，因为你自己就是盛开在人世间的一朵色彩斑斓的花朵。只要看淡人间的风云变幻，再严酷的霜雪也不会摧毁你舒展的花瓣。

你若盛开，也不必刻意去隐藏；你若凋谢，也不用畏惧他人嘲讽的眼光。坚守着淡然的心，平静地做着自己，那些不屑的眼神终究会在你的淡定面前变得胆怯，变得飘忽不定，也许最终还会转变成对你的钦佩和敬仰。

杨绛的心中也有敬佩的人，振华女校的老校长王季玉女士就是其中之一。她永远忘不了王季玉女士将一生奉献给了学校事业，于是将她作为原型，创作出了小说《事业》。

在杨绛从前的文字中，除了在《干校六记》里记录了自己在一段时期内的真实生活经历，从来没有以现实生活中的人作为笔下的主人公。王季玉女士是第一个，也是唯一一个。不过杨绛并没有在小说中引用她的真实姓名，只是引用了她做的事情，和她为学校付出一切的精神。

对于"嫁"给了学校的王季玉女士，杨绛心怀敬佩，对于她笔下创造的其他人物形象，杨绛也像一个母亲对待孩子的情感一样爱惜。

她将自己的几篇小说收录在一本集子里出版，并取名叫作《倒影集》。杨绛在序言中写道："故事里的人物和情节，都是旧社会的。在我们的新时代,从前的风俗习尚,已陈旧得陌生。或许因为陌生而变得新奇了;当时是见怪不怪的事,现在也会显得岂有此理而使您嬉笑、使您怒骂。这里收集的几个故事,好比是夕照中偶尔落入溪流的几幅倒影,所以称为《倒影集》。"

文字既是时光中的倒影,也是生活中的缩影。嬉笑怒骂间,杨绛始终以一个旁观者的姿态欣赏人世间的喜怒哀乐。阳光早已从乌云背后露出了整个身体,它温暖着每一个行走在路上的人,穿过每一段有温度的时光。

岁月已经给予了杨绛最严苛的磨砺,也让杨绛多了许多理性,多了许多淡然。这让她更加懂得原来生命本应安静美好,哪怕身处荒凉,只要固守着心中的宁静,终究能够走向繁华的风景。

杨绛早已不再是一个"零",却依然保持着淡泊而又洒脱的风度。钱锺书和钱瑗先后出国,杨绛就一个人留在家里,默默地做着他们的"后援"。

从前只要分离,钱锺书就会一天写来一封信。

这次出国,钱锺书便不再写信,而是像写日记一样把每天的所见所闻都写在小本子上,等到回国,把小本子交给杨绛阅读。因此,他们的信不再是通过邮寄的,而是亲手传递的。

离别之后的重逢更加温馨,苦难之后的幸福更加可贵。在孤寂彷徨时,不要慌乱,更不要抱怨,用一颗平和的心去安慰自己,没有什么比一个微笑更能让自己感到温暖,让自己在平静中变得坦然，变得从容。

　　太多的期盼有时候会让自己感到压抑，只要做真实的自己就好，无须奢望太多，随遇而安，让生活变得平淡而又平静。你应该庆幸自己走过一段跌跌撞撞的路，这会让你学会看淡，沉淀过后的心境，才能让你对生命有更多理解，更多包容。

将每一种角色做到极致

生命会赋予每一个人无数个不同的角色，从一生下来，就是父母的子女；在学校里，是老师的学生、同学们的同学；工作以后，是上级的下属，又是下属的上级；结婚以后，是爱人的另一半，是孩子的父母；在朋友面前，又是朋友，抑或知己。

我们总是在不知不觉中扮演着不同的角色，你是否问过自己，有没有将人生中的每一个角色扮演到极致？

钱锺书曾经将杨绛誉为"最贤的妻，最才的女"，更将她当成人间少有的集"妻子、情人、朋友"于一身的女子。人生中的每一个角色，杨绛都曾经扮演过，她甚至比许多人扮演的角色更多：她既是上海著名的戏剧作家，也是大学中教授知识的老师；既是一名需要赚钱养家的事业女性，也是操持一切琐碎家务的"灶下婢"。

无论扮演哪一种角色，杨绛都是心甘情愿地全情投入，钱锺书的"誉"，就是对杨绛扮演的每一个角色的最大认可。

杨绛是父亲最疼爱的女儿，她也时刻不忘记扮演好女儿的角色。即使在父亲离去多年之后，杨绛依然想要为父亲做一些什么。用文字记录下父亲生前的点滴，似乎是最好的方式。

于是，一篇题为《回忆我的父亲》的文章，在杨绛笔下诞生。饱含深情的文字，也鲜活了父亲早已经故去的生命。杨绛笔下的父亲，是一个敢于和清政府对抗的革命人士，因为被清政府通缉，不得不远赴日美留学；他还是一个秉公执法的正义官员，因为不愿和黑暗势力同流合污，愤然离职改做一名为普通百姓说话的律师；他还是一位开明的家长，让子女接受最好的教育，自由选择自己喜欢做的事情，自由选择自己爱的人；他没有给子女留下任何遗产，却留下了最宝贵的廉洁的家风。

杨绛始终遗憾没能与父亲见最后一面，这篇饱含深情的文字，成了她对父亲最好的祭奠。

有时候，在众多的角色面前，我们很难做到兼顾。为了拥有成功的事业，就不得不舍弃家庭中的角色。有些人也想做到面面俱到，然而在现实面前却显得力不从心。

兼顾每一个角色，最重要的就是分清主次。在钱锺书创作《围城》时，杨绛将主要的精力放在了"灶下婢"这个角色上，只有挤出的点滴时间才用来进行戏剧创作。

当"文化大革命"结束之后，《围城》在读者中又掀起了新一轮热潮,这一次,杨绛的角色又发生了转换,从"灶下婢"变成了一名"守护者"。

尽管钱锺书已经一再声明《围城》中的每一个角色都是虚构,可还是有数不胜数的读者愿意对号入座,猜测钱锺书是否就是方鸿渐的原型。《围城》中的方鸿渐有假冒的外国文凭,于是也有人推测,钱锺书毕业于牛津的学历也是伪造的,还有人打来电话提出各种各样的问题让钱锺书解答,希望从他的答案中找到蛛丝马迹,证明方鸿渐这个人物就是钱锺书本人。还有人觉得写信和打电话都不过瘾,几次三番提出想要登门造访,见一见钱锺书本人。杨绛再也不忍心钱锺书被这些无谓的琐事干扰得不堪重负,想要为他解围。

既然钱锺书的困扰来源于文字,杨绛也打算用一篇文字为他扫清干扰。于是专门撰写了一篇《记钱锺书与〈围城〉》。杨绛曾经亲眼见证着《围城》这部小说从构思到诞生的过程,因此,没有任何言语比她的文字更具有说服力。她将自己撰写的文章分成了两部分,一部分叫作"钱锺书写《围城》",另一部分则叫作"写《围城》的钱锺书。"

看过杨绛写的这篇文章,读者们终于知道,原来《围城》中的每一个人物,在现实中都找不到原型。杨绛唯独承认,在塑造唐晓芙时,钱锺书请求从她的身上借鉴一些影子。不过也只是个性中的一星半点儿,杨绛本人也算不上唐晓芙的原型,方鸿渐更不是钱锺书本人的化身。

杨绛也清楚，将《围城》中的人物"肢解"得这样透彻，一定会让那些乐于对号入座的读者扫兴，然而她更清楚，自己和钱锺书都是活在现实中的角色，别人无谓的猜测，只会给他们带来更大的困扰。

为了扮演好钱锺书"守护者"的角色，杨绛也的确煞费苦心。"写《围城》的钱锺书"这一部分，就是为了让读者们了解钱锺书本人，让他们更加清楚，钱锺书与方鸿渐，无论个性、为人处世，甚至爱情观，都没有半点相似之处。

虽然这部分的文字不多，钱锺书活生生的身影却已经跃然纸上。他有着单纯而又可爱的"痴气"，行动起来还有些"拙手笨脚"，可这丝毫都掩饰不了他的才情，《管锥编》《谈艺录》，还有饱受读者青睐的《围城》，就是最好的例证。

杨绛特意在文章的最后写道："我自己觉得年纪老了：有些事，除了我们俩，没有别人知道。我要乘我们夫妇都健在，一一记下。如有错误，他可以指出，我可以改正。《围城》里写的全是捏造，我所记的却全是事实。"

杨绛的确是个"善变"的女人，在每一个角色中，她都能做到自如而又巧妙地转变，不得不承认这是一种大智慧；在扮演每一个不同的角色时，懂得运用不同的状态，也不得不承认，这样的女人，才是真正的人生赢家。

事业也是女人的第二生命，它不仅代表着衣食无忧的生活，更代表着一个女人的尊严和气魄。

杨绛还扮演着一个广为人知的角色，那就是《堂吉诃德》的翻译者。她将这部作品当作自己的孩子一样看重，不过，一连两任的西班牙大使邀请她到西班牙去访问，杨绛都婉言谢绝了。

虽然杨绛按照西班牙原文翻译完成了《堂吉诃德》，不过她并不会讲西班牙文，因此总是一直在推辞西班牙大使的邀请。

直到第三任西班牙大使上任，直接向中国社会科学院提出了邀请，杨绛才成为访问西班牙代表团中的成员。她没有以一个访问者的心态来到西班牙，而是事先准备好了有关《堂吉诃德》和原作者塞万提斯的疑问。因此，对于杨绛来说，这是一趟寻找答案的旅程。

在大千世界中，每个人都是一个微不足道的小小分子，唯有将自己扮演的每一个角色都做到极致，才能活出自己的价值。

杨绛专门到西班牙寻找塞万提斯的足迹，她来到了他的家乡，参观了他的故居。看着这栋小房子里依然保存完好的陈设，杨绛闭上眼睛似乎可以想像出塞万提斯童年在这里生活时的场景。

在档案馆里，杨绛还看到了塞万提斯在1590年写给西班牙国王的申请书，希望为自己谋到职位，为国效力。虽然信件中手写的字迹已经在岁月的侵蚀中变得模糊，不过塞万提斯的亲笔签名依然清晰可见。

当听说杨绛是《堂吉诃德》的中文翻译者，档案馆的馆长特意将塞万提斯信件的手写稿复印了一份，送给她作为纪念。

杨绛曾经只想让自己活成一名普通百姓的样子，然而懂得善待生活的人，往往会在不经意间让自己成为一名大人物。那是因为无论扮演任何角色，杨绛都竭尽全力地认真对待，即便在《堂吉诃德》已经出版了多年之后，依然不放弃任何可以打消心中的疑问的机会。

在翻译《堂吉诃德》时，杨绛心中就一直有一个疑问，那就是书中的托斯达多的绰号为什么叫作"焦黄脸儿"。这让她联想到了西方国家烤得焦黄的面包干的颜色，可是西班牙明明是一个白人国家，为什么托斯达多的脸色会是黄色的呢？

这次访问西班牙，杨绛终于解开了心中多年的谜团。原来托斯达多在历史中有原型存在，是一位名叫阿维拉的主教，又是一位多产的作家。据说他的文字作品堆起来和他本人一样高。在西班牙当地，"托斯达多"就是用来称呼多产的作家。而主教阿维拉还有吉卜赛人的血统，这就让他的肤色在白中带了一点儿黄，也就有了"焦黄脸儿"的绰号。

解决了心中的疑团，杨绛比游览西班牙的任何一处风景名胜更加激动。认真是最"可怕"的事情，也许从一个人扮演人生角色的态度中，就可以看出这个人会在人生中取得怎样的成就。

一次本应如度假一般轻松的访问之旅，杨绛却过得格外忙碌。她跟随代表团从西班牙来到了英国，这个她曾经生活过的国度。趁着别人四处游览的机会，杨绛把一周的时间都用在了大英博物馆里，那里有在国内看不到的书籍，也在无意中为杨绛再一次制造了与塞万提斯的亲笔信邂逅的机会。

这一次，杨绛发现了两封塞万提斯写的信，比之前在档案馆里看到的那封还要早上几年。回国以后，杨绛来不及仔细回味这次旅程中的所见所闻，而是迫不及待地把塞万提斯的三封信及有关"焦黄脸儿"的故事写成了一篇文章，名叫《〈堂吉诃德〉译余琐掇》。

人们把杨绛当成了塞万提斯的"代言人"，在塞万提斯逝世三百六十六年的纪念仪式上，杨绛成为受邀嘉宾，西班牙大使点名要杨绛发言。

杨绛说："……我们中国有句老话：'天上一日，人间一年。'——就是说，天上的日子愉快，一眨眼就是一天，而人世艰苦，日子不那么好过。我们一年有三百六十五天或三百六十六天。塞万提斯离开我们人世，已三百六十六年，可是他在天上只过了三百六十六天，恰好整整一年。今天可以算是他逝世的'一周年'。我们今年今日纪念他，最恰当不过。"

一番幽默的话语引得众人拍手大笑，经历过种种遭遇，她依然保持着难得的乐观。杨绛的乐观，是经历过逆境之后的坦然，它让杨绛变得更加坚强，也不再迷茫。身处逆境时，心中也时刻充满希望；走出逆境之后，也能从容回头笑着回忆当时的种种。

也许是杨绛的身上同时背负了太多的角色，有时候，她也会搞不清，自己究竟该归于哪一种角色的阵营。在杨绛出版的散文集《将饮茶》中，一篇题为《孟婆茶》的序文，道出了杨绛对自己角色归类的困扰。

杨绛用一篇文章讲述了自己的一个梦，在梦中，她不知为何登上了一个和传送带一模一样的交通工具，她的手中拿着一个对号入座的牌子，可上面的号码和字迹已经模糊不清。

杨绛在传送带上慢慢寻找，发现原来每一个座位都按照乘客的身份分好了类。杨绛按照自己曾经从事过的职业挨个去寻找，先是来到教师座，已经满了，又来到作家座，也没有空位。她又找到翻译者的座位，这里按照不同国家的语言分好了类，可是在英、法、德、日、西的翻译者座位中，杨绛依然没有找到属于自己的座位。

杨绛再次想到，自己曾经被当作"隐形人"对待了许久，于是询问自己的座位是不是在"尾巴"上。得到的答案是"尾巴"上没有座位，因为被安排到那里的人都是没有地位的。

工作人员懒得去查杨绛的身份，就放了一只小板凳让她坐下。传送带缓缓向西开去，原来是带着人们去喝孟婆茶。据说喝了以后，就会忘掉前世的记忆。杨绛无法割舍自己对家人的记忆，在即将开进孟婆茶店的那一刻，从传送带上跳了下来，也从睡梦中睁开了眼睛。

每一个不同的角色，代表着一段不同的人生旅程。扮演什么样的角色，在于你选择了怎样一条人生之路。

没有人知道自己的人生总共有多少年，也没有人会提前预知自己在未来会遇到怎样的经历。你唯一可以确定的，就是以什么样的姿态去迎接生命赋予你的崭新角色，更要明白自己处于哪一种角色当中。

不同的角色有不同的责任，扮演每一个角色的过程中也并非都能心意顺遂。有时候，尽管人生不如意，该扮演的角色也要认真去做，生活的压力与他人的不理解，都不能成为放弃角色的理由，这也是考验生活态度的过程，只要用心生活，每一种角色都会做到极致，人生中的每一个观众，都会为你热烈鼓掌。

第八章

从容，是最高级的优雅

文字是杨绛一生都无法割舍的情，她的家中没有华丽的装饰，没有贵重的陈设，只有几件使用了多年的旧家具，还有并列摆放在书房中的五个巨大的书架，上面摆满了各种文字的书籍，那里是杨绛和钱锺书专有的另一个"围城"，守在里面，仿佛就守住了全世界。

温柔是坚强的另一种解答

林徽因曾说:"温柔要有,但不是妥协,我们要在安静中,不慌不忙地坚强。"

能够感知痛苦,是一种与生俱来的本能。无论你是选择向他人倾诉,还是对着镜子自言自语,发生在自己身上的痛苦,归根结底还要自己去默默承受。

歇斯底里地叫喊,无法让已经发生的痛苦减少半分,不如优雅地抬起双手,把压在身上的痛苦从一个肩头轻轻转移到另一个肩头,用无声的坚强化解痛苦的折磨。

杨绛一直以来留给人的印象,是"个儿中等,身材匀称,皮肤白皙,步履轻盈、端庄"。"没有一般知识分子女性常有的矜持,见人总是和颜悦色,说话慢条斯理,举止温文尔雅。""是个才貌双全的女子,又是个'文弱书生'。"几乎没有人见过杨绛发火,无论是面对他人的非议，还是生活的不公，她的脸上永远挂着一抹温柔的微笑。

温柔是最难以摧毁的坚强，温柔也是坚强的化身，就像流水在夏日的暖阳中潺潺流动，到了严寒的冬日，便化作坚冰，坚硬了自己的灵魂。

最初回到清华教书时，优雅的杨绛总是穿着一身旗袍，有时候太阳猛烈，在外行走时还会撑上一把小阳伞。许多女性的着装风格已经开始以简朴为美，看到杨绛讲究的装扮，有人会语带嘲讽地故意询问："这是什么呀？"

杨绛知道她问的是自己手中的阳伞，也知道她等着自己的回答，然后讽刺自己活得矫情。杨绛偏偏一语不发，只用一个微笑当作回答，笑得对方失去了继续追问的勇气和力量，只能讪讪地离去。

温柔的坚强，似乎是女人的专利。如果一味地只会软弱或只会逞强，就白白浪费了女人与生俱来的天赋。能吃别人吃不了的苦，也就能享受别人享受不了的一切。

杨绛对爱人温柔，对亲人温柔，对朋友温柔，甚至对曾经伤害过自己的人，也同样温柔。她温柔地对待着自己的生命，从未对挫折低下高傲的头。

在干校时，曾经有一位贫下中农出身的年轻人狠狠批判过杨绛。因为他个性又愣又直，人们叫他"刺儿头"。没想到"刺儿头"也稀里糊涂成了"五·一六反革命分子"，他的性格虽愣，却也耿直，不愿意诬陷别人，于是就被别人威胁会被停薪水。

杨绛已经与"刺儿头"冰释前嫌，他也愿意和杨绛倾诉自己的心里话。他担心如果坚持不诬陷别人，一旦停了薪水，家里的父母妻儿都会没有饭吃。杨绛主动提出可以给他家里寄钱，只是要求他不要告诉别人，如果被人知道，不仅要遭受连累，也无法继续帮助他。

可是"刺儿头"在一次受审的过程中还是被迫说出自己有经济支持，杨绛却不急不怕，反而十分坦然，既然怕也没用，不如从容面对。好在这件事没有证据，杨绛没有受到牵连。她不仅没有被这件事吓怕，听说"刺儿头"的爱人重病，还主动借给他一百元钱，让他回家探亲。"刺儿头"回来之后，杨绛从身上仅剩的五十元钱里拿出四十元，让他寄回家给妻子买营养品。

从杨绛的身上，"刺儿头"终于懂得了什么是人、怎么做人，还写了一个大大的"人"字，压在办公桌的玻璃板下面。

我们总是在不知不觉间被时间推着行走，也在不知不觉间成长为一个崭新的自己。那个你，更加成熟，也更加坚强。

都说女人如水，那么温柔就是女人的权利，更是一种能力。温柔是一种最能打动人心的温顺与体贴，不懂得温柔的人，永远装不出来；真正温柔的人，也永远掩饰不住。它就自然而然地从生活中的每一个细节中流露出来，可以轻易抚平灵魂上的伤疤，也能击溃他人的无情和冷酷。

冷酷与无情不过是脆弱内心的掩饰，真正坚强的人，脸上永远挂着一抹淡然的微笑。每个人心中都会有或多或少的委屈，然而你的无奈，并不一定有人会全盘接受。世界本就不公平，当不公平的事情降临，不如丢开顾虑，丢开烦躁，用温柔的双手轻轻解开心灵的枷锁，用淡然的双眼，洞悉排除困难的法门。

在不公平面前，那些平日看似坚强的人，大多选择逆来顺受，只有看似柔弱的杨绛，敢于争取自己应得的权利。

在干校期间，人们吃的食物十分有限，更是不允许吃零食。钱锺书担心杨绛吃不好，买来许多牛奶糖。杨绛总是在口袋里装满牛奶糖，给大家每人分上几块，她经常被连长不点名批评"人道主义"，杨绛依然没有收敛，既然男同志可以抽烟，女同志为什么不可以吃糖？

她永远相信人性，有人性的人，就不应该因为做了人道主义的事情而遭受批评。杨绛坚信温暖的人性是不会被打倒的，于是，她从不激烈反抗，只默默运用智慧，巧妙地解决命运加诸身上的困难。

杨绛的乐观值得太多人去学习，谁说当困难降临，我们只能激烈地反抗？沉默地反抗更是一种外柔内刚的智慧，聪明的女人更要懂得温柔的坚强，它能让你在困难面前依然保持着优雅的身姿，在单行线的人生旅程上，行走得不慌不忙。

杨绛帮助过许多曾经看不起她的人，有人批评她是"糊涂好心人"，杨绛反而不计前嫌，在这人被要求脱鞋踩泥做砖坯时，提醒他带上一条毛巾和干净袜子，避免着凉。

有一种豁达叫作宽容,在杨绛心中,"人道主义"是在黑暗年代里最大的光亮,她不忍心眼睁睁看着这唯一一簇能带来温暖的火苗在他人的冷漠中熄灭,于是用双手和身体撑起了挡风的屏障,悉心保护着,用这微弱的光芒去温暖更多的人。

文字就如同作者本人,杨绛的文字也像极了她的个性。女儿钱瑗曾说:"妈妈的散文像清茶,一道道加水,还是芳香沁人。"钱锺书也承认杨绛的散文比自己写得好,杨绛却始终谦虚地认为自己的散文只是平平淡淡。

她用一颗善良的心,尊重着人生中的每一段经历。因为懂得,所以慈悲。她并未忘却生活赋予她的每一次挫折,只是用宽容的心去接纳、去消融。

在"三反"运动的年代,杨绛也曾经历过被"脱裤子""割尾巴"的运动。知识分子把这种行为好听地称为"洗澡",其实却洗出了多少凭空捏造的"污垢",也洗出了多少无奈。

于是,杨绛用一部《洗澡》记录了那段人人都不得不"袒露"自己的岁月,"洗澡"洗的不只是身体,还有内心的思绪。有人说,《洗澡》的主人公姚宓就是杨绛自己,杨绛不否认,但不代表她就是姚宓的原型,而是姚宓身上的确承载了杨绛在那段岁月的一些经历。

不只杨绛自己,她身边发生的许多人和事,都被她写进了书里。女主人公姚宓是一位家境贫寒的女子,她身上有着浓浓的书卷气,为了维持家里的生计,在图书馆里成了一名最普通的图书管理员。有妇之夫许彦成爱上了姚宓,姚宓也对这位成熟的男人心生好感。在"三反"运动之前,这段从未挑明的爱情在隐隐地发生着,一对深陷在朦胧爱情中的男女,不过是"三反"运动之前的众生相中的两个个体。

除了青春懵懂的女子和深陷爱情当中的成熟男子,《洗澡》中的其他角色形形色色地聚集在一处,让这本书变成了一个众生云集的小社会。在姚宓和许彦成的身边,还有留过洋却滑头吝啬的杂牌大学教授余楠;许彦成的妻子、"标准美人"杜丽琳;不学无术、长相丑陋,却处处摆架子的研究苏联文学的"河马夫人"施妮娜……

"三反"运动开始之后,每一个人都不得不经历"洗澡"的过程。在"洗澡"的动员报告里说:"要抛掉包袱,最好是解开看看,究竟里面是什么宝贝,还是什么肮脏东西。有些同志的旧思想、旧意识,根深蒂固,并不像身上的一个包袱,放下就能扔掉,而是皮肤上陈年积累的泥垢,不用水着实擦洗,不会脱掉……"

有人"洗澡",自然就有人"帮忙",可惜这种帮助更类似于审问,一面问,一面记录,再一面启发诱导,试图找出其他的"污垢"。

一场"洗澡"下来,每个人好像都变成了一个"崭新"的人,再也找不到从前鲜活的个性,变得仿佛用统一的模板制作出来的一样。

杨绛用平淡的言语记录下荒唐的岁月,许多人读过《洗澡》

之后，不禁为其中的人和事所反思，所叹息。

杨绛的优雅来自丰厚的文化底蕴，对待任何一个人，她的举手投足之间都会呈现出恰到好处的温柔。每当家中来客人，她习惯性地用旧时的礼节待客，一个旧式的茶盘，是她待客常用的工具。

茶盘上规规矩矩地放着一杯泡好的茶，杨绛端着茶盘双手奉上，客人接过茶杯之后，杨绛继续双手捧着茶盘，面向客人后退几步，直到出了房门，再转身离去。

杨绛的行为叫作"却行"之礼，这也是一种旧式的礼节。无论客人的年纪多大，即便是自己的晚辈，在杨绛面前也能感受到"却行"之礼的优待。这是杨绛永远都不肯放弃的礼数，客人离开时，她会面带微笑地一直送到门口，见识过杨绛的行为举止，就不难理解她为什么能写出《洗澡》和《干校六记》那样"怒而不怨""哀而不伤"的作品。

她的文字流露着她心底的素净，回味一段记忆，就是在回味一段人生。硬着头皮与挫折对抗，也许到最后两败俱伤，而端坐在时光的一隅，温柔地用双手拨弄着岁月的琴弦，将挫折与困难抚弄在掌中，才是人生的最高境界。

杨绛曾说："我和谁都不争，和谁争我都不屑。我爱大自然，其次就是艺术。"宁静致远，淡泊心境，这是杨绛的处世哲学，就连对待婚姻，也抱着同样的态度。

她与钱锺书也不争，在她和钱锺书的家里，摆着两张旧书桌,一大一小。杨绛把那张大的书桌让给钱锺书,小的那张留给自己。她还玩笑着说:"他的名气大,当然用大的;我的名气小,只好用小的。"

虽然钱锺书总是一再强调,自己用大的书桌只是因为要放的东西比较多,可是杨绛依然乐此不疲地开着这样的玩笑。

岁月已经在他们的两鬓染上了霜花,却从未拆开他们紧扣的十指。杨绛始终在用温柔的倔强与困难的岁月做着对抗,也用温柔的话语抚慰着爱人一颗饱经创伤的心。她愿意用余生的岁月安享宁静,感谢生活赠予的所有磨难,保持着既不骄傲也不谦卑的内心,对生活时刻保持着最初的热情。

平静地行走在人生边上

人生的每一天,都是不曾经历过彩排的直播。每个人都是自己人生之戏中的主角,无论被投入哪一场戏中,都必须竭尽全力地扮演着自己的角色。

一段光阴可以珍藏在红尘深处,一抹柔情也可以温润了寂寞的流年。然而无论多么不舍,都无法挽留时光仓促流逝的脚步。它让人生也因此而变得匆匆,似乎还来不及欣赏沿途的风景,人生就已经在不知不觉间从起点走到了终点。

人生注定五味杂陈,文字可以记录下人生的酸甜苦辣,把写满人生历程的文字呈现在世人面前,也可以让你的人生在他人的唏嘘、感叹、欢笑、泪水中被分享,你的经历也就不会被光阴的风吹散。

文字是杨绛一生都无法割舍的情,她的家中没有华丽的装饰，没有贵重的陈设，只有几件使用了多年的旧家具，还有并列摆放在书房中的五个巨大的书架，上面摆满了各种文字的书籍，那里是杨绛和钱锺书专有的另一个"围城"，守在里面，仿佛就守住了全世界。

杨绛和钱锺书都是名副其实的"书痴"，年轻时，还在国外留学的他们，手头只要有多余的钱，便通通拿来买书。他们买书不分中文还是外文，甚至不分新旧，只要拿到心仪的书，就会迫不及待地抓紧阅读。

用书籍当作食粮来喂养精神，杨绛和钱锺书的精神世界比任何一个人都要丰富。从事写作之后，他们有时也会要求出版社用书籍来代替稿费，省了再拿钱去买书的麻烦，杨绛和钱锺书乐得不出家门，躲在"书城"里翻阅到手的新书。

她捧着手中的书卷乐此不疲地享受书中的世界，在现实的世界里，她的人生也不知不觉地走到了百岁的边缘。百年似乎是一个轮回，即将跨越百岁的门槛时，杨绛也不禁盘算着，对一生的经历做一次总结。

创作《行走在人生边上》时，杨绛已经九十六岁，都说五十知天命，活到九十多岁，杨绛却依然认为自己对人生还有许多迷惑和犹疑。她将心中的疑惑在文字中向世人娓娓道来，读者们却从杨绛的疑惑中，解决了许多自己对人生的疑惑。

人活到一定年纪，似乎年龄只是一个不具备任何意义的数字。杨绛已经懒得再掰着指头计算自己的年龄，更不屑于用任何仪式来为所谓的高龄进行庆祝。

当百岁寿辰到来之际，钱锺书的堂弟钱锺鲁专程打来电话，问杨绛打算怎么庆祝，杨绛不许任何人为自己举办仪式，再三叮嘱，大家只要各自在家里替自己吃一碗长寿面，就是最好的庆祝。

她曾经历过最温暖的岁月，也曾经度过最美好的年华。杨绛的人生可以比作四季，年少时如春季一般朝气蓬勃，年轻时又像夏季一般热情似火，中年时像秋季一样经历了秋风扫落叶的衰颓，到了晚年，又如冬季纷扬的雪花，染白了头发，也即将像雪花一般渐渐凋落。

她经历过人生的巅峰，几部叫好又叫作的戏剧上演之后，她成为著名剧作家杨绛，就连钱锺书也变成了"杨绛的丈夫"。然而杨绛对待钱锺书的态度没有过丝毫转变，她依然默默耕耘，默默付出，直到《围城》问世之后，她又重回寂静，成为"钱锺书的太太"，直到这一刻，杨绛才仿佛终于找回了自己的身份，脸上的微笑写满了满足。

生活对杨绛也是残忍的，好不容易挣扎着度过了一段黑暗的岁月，还没来得及在幸福中徜徉，钱瑗和钱锺书就先后离开了这个世界。杨绛说，自己是留下来"打扫战场"的人，她把对女儿和丈夫的爱与不舍化作了行动，认真地整理着钱锺书留下来的手稿，又把一家三口幸福的点滴，记录在了《我们仨》当中。

回忆也是一种怀念，文字是对逝者最好的祭奠。杨绛和钱锺书一生相濡以沫，实现了白头偕老，并将最平淡无奇，甚至有些哀伤的生活，过出了幸福甜蜜的味道。乍然失去钱锺书，杨绛是不习惯的，整理他留下来的文字，就仿佛钱锺书依然陪伴在身边，不曾走远。

百年时光看似漫长，在历史的长河中，也不过是弹指一挥间。杨绛用百年的时间演绎了一段丰富多彩的人生，她既是这段人生的主角，也是这场戏剧的导演。她就如同一名出色的演员，在人生的舞台上经历过掌声、斥责、欢笑、泪水，到了即将谢幕的那一刻，内心却出奇地淡然。

每一次成就，都被杨绛当作微不足道的小事，她不认为自己是著名的作家，更不会将拥有多彩的生活当作心愿。她所期望的，是简单的生活，到了晚年更是如此，在平淡如水的心境下，无欲无求地度过每一天。

杨绛笔下诞生的文字很多，许多都被整理成册，作为书籍出版。可是杨绛却从不把自己写的书轻易送人，她认为，这样做除了换来几句别人未必发自真心的赞美，没有任何意义。

她总是玩笑着说："我的书过了几时，就只配在二折便宜书肆出售，或论斤卖。"也有人听说杨绛的书法很漂亮，希望求得一幅墨宝，她依然玩笑："我的字只配写写大字报。"

她说自己就像那种红木做成的家具，就是用胶水粘起来的，摆在那里不动，看着很漂亮，一搬就要散架了。因此，每当有人邀请她出国访问，她总是用这个理由婉拒对方。

行走在人生的边缘,没有什么事情比安静更让人舒服。杨绛希望岁月在自己身上投射出一道阴影,让自己隐藏在阴影后面,被世人遗忘。她的世界不需要太多的物质,只需有一缕书香陪伴,余生也就过得安然惬意。

有一种境界,叫作舍得;有一种智慧,叫作低调。只有舍得外界的繁华,才能找回内心的一缕纯净。"看庭前花开花落,宠辱不惊;望天上云卷云舒,去留无意。"这是一种低调的华丽,更是一种金钱无法买来的平静,将世事看淡,不矫揉,不造作,不会在繁华世界里迷失,只简朴地做着平淡的自我。

杨绛有一句至理名言,那就是"简朴的生活、高贵的灵魂是人生的至高境界"。在百年人生里,她一直秉承着这一信条在生活。低调与简朴不一定是与世隔绝,而是少说话,多做事,凡事不抢风头,对于别人赋予自己的荣耀,也不沾沾自喜。

虽然家里孩子多,可是父亲尽力为杨绛和兄弟姐妹们提供丰厚的物质条件。杨绛算不上娇生惯养,却也没有遭遇过物质的贫乏。可是到了抗战以后,百姓的生活陷入水深火热当中,很多人家就连吃一顿饱饭都成了奢望。在艰苦的条件下,杨绛并没有表现出丝毫的不适应,反而处处运用智慧,将苦涩的生活调剂出甜蜜的滋味。

在杨绛心中,奢华的物质享受从不重要,内心的充实胜过满屋子富丽堂皇的家具。因此,她的家具几乎都是旧的,却十分好用,国家曾经提出帮助杨绛装修房子,也被她婉言谢绝了。

她的家里有金钱买不来的装饰，那就是浓浓的书卷气，只要有房间，就会被她摆上书柜，里面陈列上满满的书籍。

即便处于人生的巅峰时刻，杨绛也不强求自己成为别人眼中最优秀的一个。当有客人频频上门拜访，杨绛只保持着恰到好处的礼貌，偶尔还会谢绝别人的好意。

这一点，钱锺书和杨绛有相似之处，他们都喜欢埋头做学问，不会在意来访的客人是否是达官显贵。一年的大年初二，有人登门拜访，杨绛和钱锺书都在忙着手头的工作，钱锺书只把门打开了一条缝，对方满脸客气地说了一句"新年好"，钱锺书也满脸客气地回应："谢谢！谢谢！我们很忙！谢谢！谢谢！"说完就关上了门。

这难免让人觉得这两位知名作家不近人情，杨绛也只不过一笑了之。淡泊名利的人，一定有着开阔的心胸，他人的误解无须理会，君子之交淡如水，真正的朋友一定会理解他们的行为和个性。

平淡之中蕴含着生活的真谛，就像一盏清茶，点缀着宁静温馨的生活。学会了享受平淡，也就懂得了如何承受孤寂与失落、枯燥与无奈。时刻记住将自己的姿态放低，也就学会了如何去感悟生活。

杨绛喜欢如今平淡度日的方式，她的百年人生里，从未刻意去追求过任何名利，也从未刻意去为了名利从事自己最不喜欢的交际。她将写作当作一种记录人生的方式，最不喜欢为了兜售自己的作品,在人间卖力地推销。

出版社曾经邀请杨绛去参加她的新书研讨会,杨绛却说:"我把稿子交出去了,剩下怎么卖书的事情,就不是我该管的了。而且我只是一滴清水,不是肥皂水,不能吹泡泡,所以不开研讨会——其实应该叫作检讨会,这也不是我的事情。读过我书的人都可以提意见的。"

一番温和的言语,表明了这位老人低调的处世原则,出版社也不好勉强杨绛,只好任由她继续"自我"地活下去。

杨绛曾经用自身的经历完美地演绎了低调的智慧,她曾经历过黑暗的年代,十几年的时光,浪费了她最美好光阴中的大部分。许多人没有挨过黑暗的岁月,草草地结束了自己的生命,杨绛却用"不问世事"的明智举动,保全了生命与尊严,也保住了凝聚着自己的汗水与心血的文学作品。

杨绛说:"拥有爱情的人未必拥有金钱;拥有金钱的人未必拥有快乐;拥有快乐的人未必拥有健康;拥有健康的人未必一切都能如愿以偿。"没有十全十美的人生,可却并非每个人都能拥有悟出这样的人生哲理的智慧。

命运从杨绛的身上夺走了许多,她失去了和父母见上最后一面的机会,也失去了成为一位外祖母的权利,还失去了许多用心血创造出的文学作品,甚至失去了女儿在晚年承欢膝下的快乐。

可是她却时常保持着如同孩童般简单的快乐,因为她懂得知足，也懂得放宽心，一颗知足常乐的心是纯净的，一些不经意的美好，也在这颗纯净的心中被无限放大。

她在《百岁感言》中写道："我今年一百岁，已经走到了人生的边缘，我无法确知自己还能走多远，寿命是不由自主的，但我很清楚我快'回家'了……"

杨绛的百年人生，经历了太多别人历经几世也无法全部体验的磨难，可当走到人生的边缘，回过头来细细品味，正是这些磨难造就了人生的精彩。这些丰富的经历与磨难，也为杨绛提供了许多文学创作的素材，就像描写"三反"运动的《洗澡》，还有记录干校生活的《干校六记》，每一次重新回忆，除了无限感慨，也会有诸多欢乐和感动。

乐观的人永远不会被生活中的困难打倒，当你左右不了命运的捉弄，就要及时调整自己的心态，用积极的态度去努力，即便无法将现状扭转，至少可以弥补不完美的结局。

杨绛的快乐，全部由自己来创造，在任何时期，她都懂得用最积极的心态去面对生活。在干校时，别人不愿睡的潮湿阴暗的角落，她主动去睡；在文学研究所时，别人嫌麻烦不愿意做的工作，她主动去做。

只要她想让自己开心，哪怕乌云蔽日，也阻止不了她发自真心的笑容。活到百岁，微笑已经成了杨绛最习以为常的表情。她不知道自己的人生还有多少年，也不想去探究，保持一种未知的神秘，天天都能收获意外的惊喜。

不完美的人生也没有让杨绛忘记如何寻找快乐，活在这个世界上，她已经孑然一身，柔弱伛偻的身躯，却依然坚强而又执着地站立着。有一句话说："积极的人像太阳，照到哪里哪里亮。"杨绛就是自己的太阳，照亮了头顶的一方天空，也温暖了自己的生命。

相守在时间之外

相爱容易,相守却难。在爱情开始的时候,被浓情蜜意包裹的两个人,愿意时刻厮守在一起。当爱情变成婚姻,却很难做到不求回报地付出一切,与演变成亲情的爱长久相守。然而世间却有一种相守,无法被时间冲淡,甚至可以跨越生死。

杨绛与钱锺书,真正做到了在时间与生死之外的相守。杨绛的爱情观来自自己的父母,他们一生相濡以沫,满满熬煮着真情,直到双双白头。杨绛也希望她的婚姻能像父母一样经得起时间的考验,于是她学着母亲的样子,毫不保留地对钱锺书付出全部的爱。

与钱锺书的婚姻,没有辜负杨绛的付出与期望,他们携手度过了人生的磨砺,一同跨越了岁月的门槛。当人生的节点进入晚年,一向体弱多病的杨绛一直认为,自己会比钱锺书更早地离开人世，没想到钱锺书却先她一步住进了医院。

坐在为钱锺书进行检查的 CT 机旁边，杨绛不住地在心中默默祈祷，她多希望检查的结果是没有大碍，可惜事与愿违，钱锺书的下身长了瘤子，必须进行手术切除。

杨绛知道，手术对于一个年过六旬的老人，就意味着在生死线上走了一遭。为了换取一线生的希望，她咬着牙在手术通知书上签了字。接下来就是六个小时的漫长等待，杨绛拖着虚弱的身体，一直坐在手术室门外的走廊上，眼睛一直盯着手术室上方的小灯，希望当灯熄灭的时候，看到医生轻松的笑脸。

这六个小时似乎比生命中的任何一个阶段都要漫长，当躺在病床上的钱锺书终于被医生推出了手术室，听到手术顺利的消息，杨绛激动得几乎给医生跪下。

几十年的相守，钱锺书早已成为杨绛的依恋。她对他投入了全部的情感，全心全意地付出，才真正配得上"真情"这个字眼。

杨绛开始了在医院陪护的生活，她总是坐在钱锺书的床边，与他温柔地聊着什么。两个相守了一辈子的人，却似乎永远有说不完的话，你一言我一语之间，传递的是浓浓的深情。

康复后的钱锺书说："咱们就这样再同过十年。"杨绛却不敢奢望，她觉得自己的身体已经十分糟糕，能同过三年五年已经十分幸运。

没想到钱锺书再一次病倒了，这一次比上次更加严重，医生在他的身体里发现了三堆癌细胞。手术将癌细胞切除之后，钱锺书的肾脏又发生了衰竭，一连十几天，钱锺书都是在被抢救中度过，每一次抢救，杨绛的心都提到了嗓子眼。

钱锺书的病情终于稳定，可是却不能进食，需要从鼻子插进一根管子，直接把打磨成糊糊的食物喂进胃里。这种进食方式叫作"鼻饲"，医院做的"鼻饲"里有许多钱锺书不能吃的东西，杨绛便买来各种有营养的食材，亲自在家做"鼻饲"。

女儿钱瑗起初还能回来帮忙，不久之后，钱瑗也住进了医院，检查的结果是脊椎癌和肺癌晚期。

一边是丈夫，一边是女儿，对于已经八十五岁的杨绛来说，这是上天与她开的最残忍的一个玩笑。任何一边的感情她都舍不得割舍，想到女儿还有女婿照顾，杨绛只好把一颗心的大部分都放在钱锺书身上。

她不敢把女儿的病情如实告诉钱锺书，只能在父女中间充当起"传话筒"的角色。钱瑗的病情恶化得很快，住院不久，就离开了人世。杨绛一面强忍着白发人送黑发人的悲痛，一面还要装作若无其事地继续给钱锺书传话。只是从那一刻开始，她必须编造出女儿的语言，再传递给钱锺书听。

杨绛一家三口，有大多数家庭都无法比拟的亲情。他们不仅是亲人，更像是朋友，女儿与父母可以无话不谈，一家人不求能共同富贵，只希望在温馨的氛围里长相厮守。

当得知钱瑗去世的消息，钱锺书的病情也终于开始恶化。

杨绛已经开始替他整理之前写好的书稿，钱瑗在住院之前还为这些手稿取名《石语》，这也是一家三口最后一次合作。

杨绛只希望自己能比钱锺书多活一年，这样就可以妥善料理他的后事，再去天上与他会合。可惜的是，钱锺书在清晨默默离去，杨绛赶到时，他的身体还温热着。

杨绛用手轻轻合上了钱锺书没有闭好的一只眼睛，温柔地在他耳畔低语："你放心，有我哪！"她听说人的听觉是最后消逝的，希望自己这句温柔的安慰，能让钱锺书放心走好接下来的路。

钱瑗与钱锺书的先后离世，无异于让杨绛在短时间内遭受了两次剜心之痛。一个人的家再也不是家，她只把家当成一个暂时在人间寄居的客栈，用余下的时间，寻觅通往家的真正方向。

杨绛与钱锺书的真情，可以跨越生死，这份爱，她要用人生中剩下的时间去慢慢回味，每当闭上眼睛，仿佛还可以看到两人初次相遇的时刻，那美好的景象，发生在人生中最美的年华。

既然深爱，就要竟逝者生前未完之事。既然没有人能为爱情下一个准确的定义，就让无声的行动，去证明死亡不会成为爱情的终结。

杨绛与钱锺书的爱情，似乎并没有上演过任何一幕轰轰烈烈的浪漫场景，从相爱的那一刻，他们之间的甜蜜就如同涓涓细流，不声不响，轻轻地流进彼此的心底。

　　回忆就像一只镜头，伴随着快门的每一声清脆的响动，一张记录了一段岁月的图像就储存进脑海。文字似乎也具有同样的功能，钱锺书留下了大量的手稿，虽然与爱情无关，杨绛却能从这些文字中找回往日温情的点滴。

　　都说夫妻是彼此的另一半，当其中一方离去，留下的人更能感受到身体的一部分生生脱离的痛。留下来，是人世间最残忍的惩罚，如果爱情是一场重感冒，那么对逝者的思念，就是一种无药可医的绝症。

　　杨绛曾说："锺书逃走了，我也想逃走，但是逃哪里去呢？我压根儿不能逃，得留在人世间，打扫现场，尽我应尽的责任。"

　　整理钱锺书留下的文字，是杨绛为自己赋予的全新责任。文字是陪伴了钱锺书一生的伙伴，他生前写下了大量的手稿和读书笔记，想要将这些文字整理好，必须投入极大的精力。也许只有像杨绛这样真正融入钱锺书生命的人，才能胜任这样的工作。

　　钱锺书的离去几乎带走了杨绛的大部分精神，残存的一点儿精神，在这些文字中找到了汲取能量的港湾。沉浸在这些文字的整理工作中，仿佛钱锺书依然在不远处的书桌旁伏案工作，两个人就像平时那样，没有过多言语，无意中的一个眼神碰撞、一个会心的微笑，让浓浓的爱意在空气中传递。

　　原来钱锺书的文字就是治愈杨绛心伤的良药，拼命地工作也是一种逃避，逃避难过，逃避对爱人的思念。

在心痛的时候，全神贯注地投入一件事情，分散自己的注意力，麻痹痛苦的神经，也许这是最好的一种疗伤方式。

真正的爱不会随着生命的结束而消失，死亡不过是灵魂与肉体的分离，只要心中有爱，杨绛坚信，钱锺书的灵魂一定时刻萦绕在她的身边，不曾离开。

杨绛是从《斐多篇》中悟出这个道理的，一向不喜欢哲学题材的她，在整理完钱锺书手稿的同时，拼命想要用一本书继续分散自己对钱锺书的思念，也许晦涩难懂的哲学题材是最好的选择。

直到翻开柏拉图的《斐多篇》，杨绛一头扎进了哲学的世界里。她把这本书反复看了许多遍，终于参透了生与死的意义。被这篇文字点醒的杨绛，想要把这个哲理分享给更多人。于是她决定把《斐多篇》翻译成中文，对于不懂希腊文，又不曾学过哲学的她来说，着实要耗费一番精力。

专注地投入翻译当中，是缓解痛苦的一种方式，这项工作不但冲淡了杨绛的心痛，更让她忘记了自己的身体也在被病痛折磨着。然而忘记不代表不存在，没多久，因为过于劳累，杨绛的身体提出了抗议，好友也心疼杨绛被痛苦和工作累坏了身体，建议她到大连去休养一段时间。

当来到人生中的一个重要关口，如果一时无法前行，不妨选择后退一步，看清眼前的局势，在头脑中规划出继续前行的计划，许多难题也就迎刃而解。

美丽的海滨城市大连，舒缓了杨绛的心情。她的伤痛的确得到了缓解，思路也变得异常清晰。似乎是钱锺书在冥冥中给杨绛以指引，回到北京之后，她忽然想起钱锺书曾经说过，西洋古典书籍最好的版本是《勒布经典丛书》，于是专程托人买来，对照着翻译，果然取得了很大的进展，她自己也对这篇文字有了更深刻的领悟。

简单的道理比晦涩的语言更能打动人心，杨绛在翻译《斐多篇》时尽量避免了难懂的哲学术语，用最通俗易懂的语言，换来了读者的共鸣，也让真正关心杨绛的人感到放心。原来她没有被失去亲人的伤痛打倒，仅是这一点，就值得人们替她高兴。

爱要相守，才能长久，细水长流的感情，才是一处暖心的归宿。相处用情，相守则是用心。与钱锺书的文字为伴，仿佛就是杨绛在用心守护着两人一生的感情。

钱锺书留下的文字实在太多，有大量的中文和外文笔记，还有许多他自己的读书心得。钱锺书一直有用文字记录生活的习惯，这个习惯从20世纪30年代开始，一直保持到病重住院的前夕。

杨绛与钱锺书共同生活了几十年，也只有她能将这些文字准确地归类整理。她把这些文字分成了三类：

文字最多的一类是外文笔记，不只有手写稿，还有打印稿，零零散散地分布在将近二百册笔记本当中。不只有英文和法文，还有德文、意大利文，甚至还有拉丁文，这些文字加起来，足足有三万多页。

中文笔记的数量，原本几乎与外文笔记一样多，可惜在政治运动中，有一部分被毁掉了，幸存下来的内容也不完整，把这些支离破碎的文字拼凑在一起，费了杨绛不小的功夫。

第三类是钱锺书的读书心得，中文与外文并重，与前两类文字相比，整理两千多页的文字，似乎稍显轻松了一些。

时间可以冲淡痛苦的回忆，也会让美好的回忆发黄陈旧。记录着钱锺书手稿的纸张，不仅经历了岁月的侵蚀，更经历了战争和政治运动的洗礼。许多纸张脆弱得仿佛轻轻一碰就会变成粉末，近百岁的杨绛，无数次眯着双眼分辨着那些被光阴摧残得模糊不清的字迹，却从未感到厌烦。

每一次整理这些文字，都是她与钱锺书的心灵再次贴近的过程，这些字里不仅有钱锺书的思想，更有杨绛对于两人之间温馨岁月的怀念，这是钱锺书留给她的最珍贵的遗产，再多的金钱也买不到，也只有她才能体会出这些文字的价值。

原来真正的爱情是不求回报的，甚至不求朝夕相处，两颗相爱的心，可以穿越生死的屏障，紧紧贴在一起，相伴相守。

读着钱锺书的手稿，杨绛仿佛又能回到从前的岁月，每当读到好书，钱锺书就会把读书笔记的精彩片段读给杨绛听。从这些文字里，杨绛曾经受到不少启发，她忽然想到，也许这些内容对研究中外文化的学者也有一定的用处。

文字是对文化的传承，这样的想法更加激励了杨绛整理钱锺书手稿的决心。文化永远不能被荒废，将传承文化当作使命，哪怕用尽余生的时光也要去完成。

杨绛与钱锺书的爱，蕴含了太多东西，有信任、有理解，甚至还有相互崇拜，唯独没有不干净的杂质。经历的磨难越多，反而让这份爱情越发忠诚。

杨绛用发自灵魂的爱，完成了一项壮举。她不仅整理完成了数量庞大的手稿，还将这些手稿以扫描的方式出版发行。读者从书中可以汲取到钱锺书原汁原味的思想，没有经过他人的揣摩与杜撰，更保留了钱锺书思想的精髓。

她用行动诠释了真爱的含义，两人从少年携手走到白头，经历了多少的坎坷和风雨。然而在他们的心中，却始终有一条平坦的大道，一尘不染，洁净无瑕。那就是他们的爱情之路，如果真的可以有来世，相信他们一定愿意在路的尽头，再次重逢。

百年时光，淬炼优雅

一块普通的石头，可以在时光的淬炼中变成璀璨的宝石；一个普通的女子，也可以在时光的淬炼中拥有醇厚的味道。将岁月沉淀成淡定与从容的人，必定是一个优雅的人。

往事终究会随着时光的流逝而渐渐走远，独自留守于时光之中的人，注定会对那些逐渐走远的人和事无尽地牵念。有些人和事，会渐渐淡出记忆，不会在心中激起任何波澜；有些记忆中的瞬间却永远不能抹灭，有时候见到某个熟悉的场景，心脏就会不可抑制地剧烈跳动。

经历了百年人生，杨绛的一颗心，早已长时间地归于平静。除了往日里温馨的点滴，很难再有任何事情能让她关注，就连金钱也早已被她当成了身外之物。

浮华落尽之后的平淡，是最美的人生，宠辱不惊的姿态，是优雅中的极致。杨绛的心情已经完全被自己支配和调剂，她最大的乐趣就是以文字为伴，至于是否能将文字演变成财富，她并不关心。

自从20世纪90年代开始，出版社给作者的稿酬变成了版税，杨绛和钱锺书的收入就已经翻着倍地增长，可是收入的变化却并未改变他们的生活方式。他们的家里还是那几件稍显陈旧的家具，住的还是那座从住进来以后就再没有翻新过的房子，身上依然是简朴却又舒适的衣服，吃的还是家常却又可口的食物。

杨绛和钱锺书都是对金钱没有太多概念的人，花出去的钱没有太大变化，收入的钱越来越多，他们决定用这笔钱设立一个奖学金，帮助更多渴望知识的孩子们实现读书梦。

这个伟大的设想刚刚萌芽，钱锺书就一病不起，杨绛再没有精力去应付设立奖学金的事情，只好将这个计划暂且搁置。

不过，在忙着照顾钱锺书的时间里，杨绛始终没有把这件事丢在脑后，有时候坐在病榻前，她也会和头脑依然清醒的钱锺书聊起奖学金的事。他们还一同为奖学金取好了名字，就叫"好读书奖学金"，这笔钱可以帮助那些家境贫寒却爱好读书的学生顺利完成学业，用"好读书"三个字作为奖学金的名字，比两个人的名字更有意义。

杨绛是个不折不扣的"懒"人，她说："收到几十万元稿费得跑银行，还要去税务局交税，麻烦。著作权拿在手里更是烦心事，有时难得地认真起来还要跟人打官司，不如交给学校管理。"

就像她"懒得"做官,"懒得"出风头,更"懒得"参与政治运动一样,对打理金钱的"懒",同样是一种看透人世沧桑的释然。

杨绛的"懒"更是一种平淡如水的心境,她的生活不需要五彩斑斓,只需要像泉水一样,拥有纯净的甘甜。平淡即是一种悠闲,是放下烦恼与劳累之后的平和宁静,是卸下负担之后的内心放松。

唯一需要杨绛费心思考的,就是把奖学金设立在哪个学校。其实,也无须她浪费太多脑筋,因为潜意识里一直有一个声音在告诉她,清华大学就是最好的选择。这里是她的母校,更是她和钱锺书邂逅的地方。这里云集着优秀的学子,更是学子们梦想的摇篮。

似乎不需要太多考虑,杨绛把多年积攒下来的七十二万元稿酬全部捐献给了"好读书奖学金"。这笔钱并不是全部,而仅仅是一个开始,她还承诺,今后收到的稿酬也会捐赠到奖学金当中。只要学生们能在奖学金的帮助下顺利完成学业,有所成就,就是对她最好的回报。

其实,"好读书奖学金"并不是清华大学金额最大的奖学金,却是价值最大的奖学金。因为这些钱是杨绛和钱锺书一生在文字耕耘中获得的全部收入,因为有了像他们这样看轻金钱、甘于一生清贫的人,才为更多的学子换来了更广阔的人生。

甘愿回归"平庸"的人,能更好地品味生活的欢乐与哀愁。

当面对世事沉浮时,也就有着更加从容而平淡的胸襟。

杨绛是亲眼见证过繁华与悲凉的人,一路从坎坷中跌跌撞撞走来,更让她认清浮华不过是过眼烟云。她宁愿在平淡中从容地生活,也不愿在虚无缥缈的浮华中,获取一种并不真实的满足感。

虚荣会拖慢人前行的脚步,让步履变得沉重,灵魂也会变得哀伤。平淡的爱情才能维持得长久,生活也是如此。

收到获得奖学金的学生们的来信,是杨绛最大的安慰。学生们用朴实的言语表达着对杨绛的敬意,杨绛也从字里行间了解到学生们的生活和表现。那些充满青春气息的文字,似乎将杨绛带回到了自己的大学时代,眼角的笑纹,也舒展成了对青葱年华的回忆。

准确说出一个人的名字,是对对方起码的尊重。杨绛不仅能记住写信的学生名字,还能记住他们的个性、爱好和家境。有一名学生的母亲患有精神疾病,家境十分贫寒,杨绛时刻惦记着这名学生的情况,还专门托人带话,鼓励她要坚强面对生命中的磨难。

马克思说:"生活就像海洋,只有意志坚强的人,才能到达彼岸。"杨绛面对困难时的表现,就是对"坚强"二字最好的诠释。她希望将自己的心得分享给这些学生们,激励起他们战胜困难的勇气。

学生们将对杨绛的感激与尊敬之情,折在了一颗颗五角星里。他们登门看望杨绛,将亲手折好的一罐五角星送给杨绛,希望她能健康快乐地度过每一天。这份并不算值钱的小礼物,饱含着学生们的情意。杨绛也将这罐五角星珍藏起来,当作生命中的宝贝。

没有什么比生命更美丽的艺术,它是那样脆弱,又是那样美艳。有人将生命比作一朵花,盛放时美丽,掉落时也是美好。生命之所以美好,也许就是因为它有着无限可能,也有无数种生活的方式。杨绛选择了最平淡的生活,也学会了释然所有的不甘。安守平淡,沿途的风景似乎也不再有遗憾,浮生淡然,也是另一种生机盎然。

并不是所有人都能理解杨绛的淡然,有人说她太傻,几百万不如买一栋别墅,让自己舒舒服服地养老。杨绛不多解释,依然淡淡一笑。他们不懂,富丽堂皇的豪宅,反而更容易让内心感到空虚。

能够拥有一颗明月般的心,哪怕世事残缺,也会找寻到欢喜。岁月的风霜没有将杨绛温暖的情怀冰冻,那些在黑暗中跌落的韶华,到如今也一点点汇聚成生命的微光。

她默默地留在人间,打扫钱瑗和钱锺书留下的"战场",她甚至感谢他们留下了许多让自己"打扫"的东西,这会充实她每一天的生活,不停地忙碌着,失去亲人的悲伤就会冲淡一些,剩下的悲伤,则被她深深地压在心底。

虽然失去亲人是极大的悲伤,可杨绛依然不愿意掩盖掉亲人留下的痕迹。这些痕迹会让她回忆起往日的温情。因此，当小区集体进行装修时，杨绛特意申请"漏掉"自己。她的家依然保持着钱锺书和钱瑗在世时的样子，也只有这样，杨绛才能感觉他们从未离去。

然而一丁点儿有关生命的触动，都会揭起她刚刚结痂的伤疤，重新感受一次失去亲人的刺骨之痛。

杨绛卧室的窗外有一棵柏树，两只喜鹊在树上筑巢。杨绛亲眼见证着这个小家庭的诞生，也亲眼见证着它们的第一个喜鹊宝宝降临人世，也不幸地亲眼看到了喜鹊宝宝过早地夭折。

听着母喜鹊的悲鸣，杨绛感同身受，不禁老泪纵横。有谁能懂得一位百岁老人失去亲人的寂寥？有谁能理解这位孤独的老人"每逢佳节倍思亲"的痛苦？

杨绛决定让女儿"活过来"，活在文字中，陪伴自己。于是，她写出了以钱瑗为主人公的《我们仨》，一家三口的温馨生活，在书中得到了延续。读者们只能看到杨绛一家曾经的欢乐，却不知道在重温这些欢乐时，杨绛洒下了多少苦涩的泪滴。

美好的事物总是如同烟花一般，刹那的绚烂，长久的遗憾。美好无法挽留，就像烦恼无法轻易挥走，生命、青春、爱情、家庭，都不着痕迹地来过，来不及握紧，又匆匆流走。正因如此，杨绛才感叹"世间好物不坚牢，彩云易散琉璃脆"。

不对美好心存奢望，才能从生活中收获全新的领悟。《走在人生边上》就是杨绛在病中想到的题材。她给自己提出了许多问题,又天马行空地想象出问题的答案。想到将会以怎样的面貌与天堂上的亲人重逢,她写道:"如果是现在的这副面貌,锺书、圆圆会认得,可是我爸爸妈妈肯定不认得了……我若自己声明我是阿季,妈妈会惊奇说:'阿季吗?没一丝影儿了。'……爸爸会诧异说:'阿季老成这副模样,爸爸都要叫你娘了。'"

她的爱与情,都凝聚在文字当中,这份情,不仅仅是爱情和亲情,更是情怀。钱锺书在生前留下遗愿,不举行告别仪式、不开追悼会、不留骨灰。杨绛知道这是他不愿意用生前的成就换取身后的荣耀,因此她一直遵守着钱锺书的遗愿,家乡的领导想要将他们的老宅修复,用来展览,杨绛坚决回绝:"我们不赞成搞纪念馆。"中国社会科学院想邀请杨绛参加钱锺书诞辰一百周年学术研讨会,杨绛也拒绝出席。

她还像从前那样说着"我们",就好像钱锺书从不曾离去。她幸运地遇到了一个对的人,并用一生的时间,去呵护这段对的感情。

时间在一刻不停地向前奔跑,地球在周而复始地旋转。杨绛最不喜欢探讨哲学的问题,即使讨论也经常想不通。可是当人生转眼已过百年,她仿佛一下子开了窍:人生的确没有一天是相同的,就像你永远都无法踏入同一条河流,即便相同的地点、相同的场景,正在经历的也是与从前完全不同的一天。

依然是在自己的书中,杨绛曾经这样问过自己:"真、善、美看得见吗?摸得到吗?看不见、摸不到的,不是只能心里明白吗？信念是看不见的，只能领悟。"

领悟，何时开始都不算晚，就算人生已经进入倒计时，依然可以静下心来思考，人生的价值究竟体现在哪里。杨绛不是任何一个党派的成员，也不是任何一个宗教的信徒，生命就是她的信仰，百年人生的经历和经验，足以解答有关生命的任何问题。

其实，更多的时候，解决难题的最好办法就是知难而上，把命运牢牢地攥在自己的手里。杨绛虽然已经过了拼搏的年龄，但是她用大半生的时间沉淀下来的经历，都转化成了看得见、摸得到的能量。

她在温情的岁月里慢慢熬煮着文字，将记忆的碎片黏合成完整的场景。文字成了唯一的诉说，也成了唯一的心安，字字深情，句句牵念。

认真地年轻，优雅地老去，对于一个女人来说，这似乎就是一个完美的人生。左手年华，右手蒹葭，她用真情滋养着那些动人的字句，因为这是岁月在她的生命中刻下的永远无法磨灭的痕迹。温婉的岁月，一如当初般静好，将深深的思念熬成淡淡的温暖，是她执着地要将余下的生命，渲染成动人的诗篇。

"我们仨"团聚了

细数着点点光阴，总有一些人、一些事，是一生都割舍不断的思念。翻阅着老照片一般的故事，世间百味陈杂于心。她用一生的时间，教会了世间的女子什么叫心素如莲，什么叫淡定从容，又在人生落幕之后，留给世人久久无法泯灭的怀念。

当跨过百岁门槛，"世纪老人"的头衔便成为杨绛的又一个代称。对于这些头衔，杨绛已经习惯，却并未真正在意。在她心中，最有分量的代称，依然是钱锺书的那句"最贤的妻，最才的女"，除此之外，无论是"才女"，还是"史上最高龄的小说作者"，都不过是世人的谬赞罢了。

她又用谦逊，给所有追求所谓荣誉的人上了宝贵的一课。头衔就像钱财一样，生不带来，死不带去，别人认为你是谁并不重要，重要的是，你自己要认清你究竟是谁。

不过，百年人生，也的确让她越来越懂得沉淀。她本就不是一名张扬的女子，在钱锺书和钱瑗留下的"战场"上，杨绛已经默默"打扫"了多年，这一次，她决定要为自己再做一些事情。

杨绛最不喜欢为自己做寿，即便是在钱锺书健在时，杨绛最多也就用一碗长寿面为自己庆祝。在这一点上，与杨绛相伴了一生的钱锺书，也有着同样的默契。在钱锺书八十岁寿辰时，他的学界同人、亲朋好友、机关团体纷纷要为他祝寿，家里的电话几乎成了"热线"，一个电话刚刚放下，另一个电话马上就打进来。

中国社会科学院更是想要为钱锺书准备一场学术研讨会，作为八十岁寿辰的纪念，但是对于每个想要为他祝寿的人，钱锺书都坚定地拒绝道："不必花些不明不白的钱，找些不三不四的人，说些不痛不痒的话。"

一代文豪钱锺书尚且如此，一向认为自己"无名无位活到老"的杨绛，更是不愿意用所谓的热闹来打扰自己的自在生活。于是，她决定用续写自己书稿的方式来为自己贺寿。

杨绛打算续写的小说就是《洗澡》，这是杨绛自己的作品中，她最看重的一部。这部"哀而不伤"的描写知识分子思想改造运动的文学著作，已经成为中国当代文学史上的经典，不过，当初在设计小说的结尾时，杨绛却选择了一种没有结局的方式。

姚宓和许彦成之间的纯洁爱情，经历了曲曲折折，终究没有一个圆满的结局。有人幻想着他们最后会幸福地走在一起，也有人怀疑他们之间的情感是否真的有那么纯洁。杨绛不愿让凝聚着自己心血的作品被世人妄自揣测下去，于是决定要为《洗澡》写一部续集。

从九十八岁的时候，杨绛就萌生了这样的想法，陆陆续续开始动笔，以近百岁高龄要给自己的小说一个完整的结局，足以见得杨绛对于自己笔下创作出来的人物的尊重。

杨绛把小说续集的名字定为《洗澡之后》，她说："我特意要写姚宓和许彦成之间那份纯洁的友情，却被人这般糟蹋。假如我去世以后，有人擅自写续集，我就麻烦了。现在趁我还健在，把故事结束了吧。这样呢，非但保全了这份纯洁的友情，也给读者看到一个称心如意的结局。我这部《洗澡之后》是小小一部新作，人物依旧，事情却完全不同。我把故事结束了，谁也别再想写什么续集了。"

这又是一份有始有终的倔强，谁说百岁老人只能无所事事地安享晚年，年龄在杨绛这里不过是一个数字，只要还拿得动笔，她就不会停止文学创作，更不会让自己笔下的人物糊里糊涂地被别人篡改。

一间书斋，成为杨绛晚年最常待的地方，她常说自己是"留下来打扫战场"的，不过，在整理钱锺书留下来的文学作品之余，杨绛也从未停止自己的创作。

2004年，人民文学出版社出版了一套八卷版的《杨绛文集》，其中包括小说卷一卷，散文卷两卷，戏剧·文论卷一卷，还有四卷,是杨绛翻译的外文名著。

九十三岁到一百零三岁的十年间,杨绛又创作了多部新作,2014年,九卷版的《杨绛全集》由人民文学出版社出版,《洗澡之后》就包含在其中。

除了杨绛在十年间创作的新作之外,《杨绛全集》还收录了她在20世纪40年代创作的剧本《风絮》和《1939以来英国散文作品》,又包含了一些由杨绛精挑细选出来的怀念钱锺书和女儿钱瑗的诗歌。

杨绛更是用第一人称撰写了一部近三万字的《杨绛生平与创作——大事记》,回顾了自己从1911年7月17日在北京出生,到2014年的百岁人生。

花开留香,风过留痕,杨绛的百年人生,从不执着于鲜艳的绽放,只求清淡的画像,能长久地停留。

杨绛的身体自幼便有些柔弱,常常小病不断,也曾经得过几次让钱锺书都害怕的重病。她曾经以为自己会比钱锺书先走,没想到一家三口唯有自己留下来成为"打扫战场"的人。她曾说希望自己比钱锺书多活一年就好,替他整理好身后的事情,没想到转眼十几年已经过去,十几年间,小病小痛也时常侵扰杨绛,她毕竟已经过了百岁,尽管我们不愿意相信,可身体的机能依然无法逆转地一点点衰退下去。

从2013年开始,因为身体原因,杨绛不得不屡屡住进医院,最严重的一次是因为带状疱疹、肠梗阻和肺部感染,连续三次入院治疗，治了一年多才基本康复。即便是在入院治疗期间，杨绛也不忘记感谢关心她的人，她说："深深感激媒体和网民同志的热情鼓励和祝愿，因为年老体弱，已难与大家沟通，只有心中默默为众祈福，自律自爱，过好每一天。"

人们的祈祷与祝福，并未换来上天对杨绛的再次眷顾，2016年，一百零五岁的杨绛再次因为肺炎入院治疗。其间一度传出杨绛先生病危的消息，每一个关心杨绛的人都在虔诚地祈祷她能再一次战胜病魔。

当人们听到杨绛的保姆说，她只是患上轻度肺炎与肠梗阻，已经在恢复当中时，人们深深地松了一口气，以为她又会像从前那样，离开医院，重新回到书斋中提笔创作。

可惜，百年人生，终究有终点。2016年5月25日凌晨，杨绛在北京协和医院的病床上永远地闭上了双眼，享年一百零五岁。从此以后，"我们仨"的故事悄然谢幕，这个世界，再也没有"我们仨"。

当听说杨绛离世的消息，钱锺书的堂侄女钱静汝和外甥女石定果纷纷表示不敢相信。石定果在杨绛离世的前一天，还去探望过她，那时的杨绛还好好的。

钱静汝回忆起杨绛更是几度哽咽得说不出话来，她记忆中的杨绛，会说很甜、很糯、很好听的无锡话，会讲好听的故事，还会写出或是让人捧腹大笑，或是让人痛到心里面去的文字。

她从不怨天尤人，也从不与人争，得到的不炫耀，得不到的不强求,她的人就像她的文字一样,平淡中有从容,朗朗上口又意味深远。

杨绛走后,人们用各种各样的方式表达着对她的爱戴,也许,她是中国最后一个可以用"先生"来称呼的女性,她留下的文字,值得人们用一生的时间去品读。

也有人说,杨绛先生的离去,是一种解脱,再也不用独自在人世苦苦支撑,每一天都被甜蜜的回忆残忍地折磨。

"我们仨"一定已经在天堂团聚,他们在人间的故事已经落幕,在另一个世界的幸福,则刚刚开始。

后记

杨绛的确算得上一个特殊的女人,既有在坎坷中迎难而上的勇气,又能在平和的岁月里书写下温情。她的心中似乎有一个自己的世界,她想要的种种幸福,通通在那里上演,至于现实世界中的苦恼与遭遇,反而虚幻得无须在意。

都说女人活在世上,一定要记得时刻保持优雅。杨绛似乎就是这句话最好的印证。她的人生有平顺的开端,却有泥泞的中途,然而哪怕深陷在泥淖当中,她也不曾狼狈前行,反而一步一个脚印,将人生当成优美的乐章,优雅地踏出了曼妙的音符。

没有人能阻挠她去做自己喜欢的事情,更没有人能强迫她去做不喜欢的事情。她喜欢一切简单与真诚,讨厌一切浮华与虚伪。心中的那个世界,是充实的世界,那些无法被世人理解的情愫，在那里通通被接纳，被传扬。

于是，现实世界中的杨绛，无论是被人高高捧过头顶，还是被残忍地踩在脚下，甚至被当作空气一样忽视，她依然以一颗如莲般淡雅的心，悠然而又"自我"地迈着优雅的脚步。

心中有光的人，走到哪里都不会黑暗；心中有爱的人，早晚都会找寻到生命中的一段真情。杨绛也是幸运的，她在最美的年华与钱锺书发生了一场朴实却又浪漫的邂逅，一朝携手，就相伴着走过了六十个年头。

那些沉浸在幸福中却浑然不知的夫妻，总是吵闹着要找寻真正的幸福，杨绛却用自己的婚姻，告诉世人，幸福是同甘共苦，患难与共；幸福是彼此欣赏，彼此尊重。

乐观的人不怕孤独，失去了爱人和女儿，她一个人默默地在人间"打扫战场"，用文字还原一个活生生的女儿和丈夫。她平静而满足地走完了最后的人生旅程。如今，在时间之外，"我们仨"再度团聚，引世人无尽怀思。

如果说爱家人是小爱，那么杨绛对那些家境贫寒的学子付出的，就是大爱。她用自己毕生的稿酬，帮助他们圆一个读书梦；用百年人生沉淀的感悟，为他们提供人生的指引。

人们总是在探索生命的意义，其实，生命的意义就是珍惜得到的，不执着失去的；得到注定失去，而失去又是另一种得到。

失去了青春，也就得到了成熟；失去了安逸，也就得到了磨砺；失去了他人的注目，也就得到了平和的生活。